中华先贤人物故事汇

于成龙

赵志明 著

中华书局

图书在版编目（CIP）数据

于成龙/赵志明著. —北京：中华书局，2020.9
（中华先贤人物故事汇）
ISBN 978-7-101-14428-4

Ⅰ.于…　Ⅱ.赵…　Ⅲ.于成龙（1617~1684）-生平事迹
Ⅳ.K827=49

中国版本图书馆 CIP 数据核字（2020）第 032628 号

书　　名	于成龙	
著　　者	赵志明	
丛 书 名	中华先贤人物故事汇	
责任编辑	马　燕　董邦冠	
出版发行	中华书局	
	（北京市丰台区太平桥西里 38 号　100073）	
	http://www.zhbc.com.cn	
	E-mail：zhbc@zhbc.com.cn	
印　　刷	北京瑞古冠中印刷厂	
版　　次	2020 年 9 月北京第 1 版	
	2020 年 9 月北京第 1 次印刷	
规　　格	开本/787×1092 毫米　1/32	
	印张 4　插页 2　字数 50 千字	
印　　数	1-10000 册	
国际书号	ISBN 978-7-101-14428-4	
定　　价	20.00 元	

出版说明

　　孔子周游列国，创立儒家学说；张骞出使西域，开辟丝绸之路；书圣王羲之，留下了曲水流觞的佳话；诗仙李白，写下了"举头望明月，低头思故乡"的名篇；王安石为纠正时弊，推行变法；李时珍广集博采，躬亲实践，编撰医药学名著《本草纲目》……

　　这些杰出的历史人物，有的是在中华民族文明进程中做出过突出贡献、对后世产生过巨大影响的思想家、政治家，有的是对中华优秀传统文化的传承传播发挥过重大作用的文学家、艺术家、科学家，有的是为国家安定统一、民族融合团结和中外文化交流做出过杰出贡献的军事家、外交家……他们为中华民族的繁荣发展做出了伟大的贡献，他们的行为事迹、风范品格为当世楷模，并垂范后世。

他们是中华民族的先贤人物。他们的思想、品德、事迹，是中华优秀传统文化的结晶。他们的故事，是对中华民族的禀赋、特点和气质最生动、最鲜活的阐释。他们的名字，在五千年中华文明史上最为光彩夺目。他们为五千年中华文明史书写了最为光辉灿烂的篇章。

为了解先贤，走近先贤，我们精心组织编写了这套《中华先贤人物故事汇》丛书。以详实可靠的史料为依据，以细腻动人的故事为载体，真实地呈现中华先贤人物的事迹、品格和精神风貌，彰显他们的贡献和功绩，以激发人们对国家民族的热爱，对中华文明、中华优秀传统文化的崇敬。

开卷有益，期待这套丛书成为你的良师益友。

目 录

导 读

于成龙（1617—1684）生活的时代，农民起义此起彼伏，八旗入关之后的跑马圈地，加上各种自然灾害，让他深谙民间疾苦。明朝末年，于成龙通过科举考试成为"副榜贡生"，新成立的清朝对此也予以承认，但他的出山做官一直好事多磨，一拖再拖，四十五岁才来到北京参加吏部的掣签选官，以广西罗城知县为起点，开始了二十余年的仕途生涯。

于成龙一生秉承"天理良心"，上不欺天，下不昧己。做个好官、清官自然是他的理想。不过，他也多次起过辞官归乡的念头。在他赴广西任职途中，因为大病一场，仆从尽散，而向上司"乞赐生归"，未获允准。继母去世后，他给湖广总督蔡毓荣和湖广巡抚张朝珍写了声泪俱下的辞呈，"身羁一官，心悬白云；乌鸟之私，未尝刻忘"，结果因为"三藩之乱"未平，"移孝作忠""夺情任职"。在两江总督任上，他遭到马世济捕风捉影的参劾，蒙受不白之冤，结果降级留任。

对于成龙来说，做官有做官的原因，辞官也有辞官的理由。可是，有一个原则于成龙是从来不敢违背的，那就是"为官一任，造福一方"。只要在一个地方当官，他就会尽心尽力办差做事，上不愧朝廷所托，下不负百姓所望。

儒家一直将清廉视为做人和从政的美德。孔子认为"欲而不贪"是从政的美德之一，孟子也提倡"可以取，可以无取，取伤廉"的清廉观。《周礼》更是明确提出了官员任事应具备的"六廉"：廉善、廉能、廉敬、廉正、廉法、廉辨。

在明亡清兴改朝换代的乱世，做一个清廉之官谈何容易，不仅要应对盗匪、灾荒和战乱，还要面临复杂险恶的官场斗争，非常考验一个人的智慧和道德。事实证明，于成龙有操守，讲方法，敢担当，嫉恶如仇，又有仁慈之心，从一个治理边地的"九品芝麻官"，一步步成长为官居一品的两江总督，被辖下民众誉为"于青天"，无愧是"天下廉吏第一"。

堡寨拒敌

在山西永宁（今属吕梁）境内，有一座龙王山，属于吕梁山脉中段。山顶建有玄帝庙，唐朝时即为道教圣地。明朝万历年间，地方重修玄帝庙，将登山险道砌了一千四百多级石阶。此后，玄帝庙香火愈加旺盛，龙王山也得名北武当山。

北武当山风景秀丽，又有北川河浩荡流过，汇入黄河。山脚下渐渐聚集起千户人家，形成了一个大村落，名叫来堡村。这时正是明朝崇祯年间，山西境内接连两年发生旱灾蝗灾，造成了很多饥馁难民，有些人铤而走险，落草为寇，像可怕的蝗虫一样四处为害。

一天下午，一小股流寇突然出现在北武当山脚下，直奔来堡村。这时正是农忙时节，青壮年劳力都在田地里干活，留在村里的大多是老弱妇幼，根本无力自保，更不用说抵抗了。一场比天灾更可怕的人祸，马上就要降临来堡村。

此时，却见一条人影，如猿猱（náo）一般，从山顶往山下火速飞奔。这正是于成龙。

早在崇祯十二年（1639），于成龙第一次参加乡试，便高中副榜。他本可以做国子监的生员，待学习期满考试合格之后，便参加吏部选官，正式为官。可是于成龙毅然选择回家，"依亲读书"，寄住于山顶的旧庙中继续苦读，准备在接下来的乡试年更进一步。

刚才，于成龙读书累了，站在山顶游目骋怀，正好瞧见远处山下一群形迹可疑的人，正往来堡村逼近。这群人手持的武器，让于成龙确信他们不是行乞的灾民。怎么办？于成龙挽起袖子，束起裤腿，扎紧腰带，不知情的小和尚急忙跑过来，以为于公子又要开始练拳了。于成龙有个习惯，看书乏累了，会通过练武活络一下筋骨，缓解疲劳。但这一次，他不是练拳，而是要飞速下山，给村民们报信。

在小和尚的眼中，于公子高大魁梧，双目炯炯有神，鼻梁高挺，虬髯茂密，看上去不像是手无缚鸡之力的读书人，倒更像是投笔从戎的赳赳武将。

从山顶到山脚，要经过五里石阶，五里沙子路，五里黄土路。于成龙急速跑下山来，顾不得把气喘匀，就对着田地里干活的人大声疾呼："不好了，有流寇往村子这边来了。"

大家一听，赶紧把农具一扔，纷纷往村里跑。于成龙又赶紧提醒说："带上农具，他们有武器。"是啊，流寇有刀有枪，村民们赤手空拳跑回村也无济于事。众人又返身捡起农具，飞速往村里跑。

幸赖于成龙传信及时，流寇在村口被村民拦下了。村民们举起了手中的镰和锄，贼人们则亮开了刀和枪，双方对峙，互不相让。村里的老人们听到喧哗，也手执棍杖赶来支援。流寇们见势不妙，准备开溜。

这时，于成龙也赶过来了，他大声喊道："且慢！"

村民们不知道于成龙葫芦里卖的是什么药，流寇们也疑虑不安地看着突然冒出来的于成龙。

　　于成龙说："我刚才从永宁城中过来时，见到大群官军集合待命。若是你们路上遇到他们，可能会被捉拿问罪。我看你们也不是为非作歹的凶徒，想来是迫于生计才行此下策。"

　　流寇们面面相觑，脸上惊慌之色愈加明显。

　　于成龙说："我倒是有个法子可以救你们，但不知你们听还是不听？"

　　为首的流寇心中犹疑，问道："你真的见到大股官军往这边开拔？"

　　于成龙说："你们走不了多远定能撞上。"

　　又有一个流寇问："官军近在咫尺，你又如何救我们？"

　　于成龙说："很简单。你们若是还拿着兵器，官军自然把你们都捉拿归案。如果没有兵器，在官军眼中便是逃难的灾民，说不定还能得到救助。"

　　流寇觉得这人说得很有道理，就陆续将手中兵器扔在地上，丁零当啷响成一片，不一会儿，地上被弃的兵器已经堆成一堆。为首者率领手下狼狈而去。

村民们都不解地看着于成龙，不知道他为什么要让流寇解甲而去。

于成龙解释说："这些流寇带着兵器，就是祸患。离开来堡村之后，他们必定滋扰其他村舍，一旦尝到甜头开了杀戒，就会变得越来越凶残。这是其一。其二，现在世道如此之乱，来堡村一定还会遇到其他流寇，单凭我们手中的农具，无法保证能够把敌人逼退。我们手中必须要有自保的武器。"

大伙儿听了之后，都觉得于成龙考虑得周到深远。

为了自保，来堡村的乡绅们经过讨论，决定集资修建一座堡寨，招募青壮组成护卫队，十二时辰巡逻，通宵达旦守夜。村口是修建堡寨最合适的地址，但于家祖坟就在附近。有个风水先生为此专门找上门来，提醒于成龙的父亲于时煌，堡垒建成之后对于家子孙后代的兴旺恐将不利。这是家族的大事，于时煌和两个儿子一起商量应该怎么办。

于时煌说："我在功名上早就无望，早年间也是靠花钱捐了个鸿胪寺序班，就图在乡里有个执事的身份，脸面上好看些。你们兄弟自该青出于蓝而胜于蓝。成龙是能行科考正途的，用不着我担心。另外，我也一直打算有机会给化龙捐个功名出身。"

兄弟俩毕恭毕敬地站着，听父亲讲话。

于时煌接着说："现今遭逢乱世，动荡的形势你们也都清楚看到了。村民们要集资修建堡寨，风水先生说建成之后可能对于家运道不利。我这几天一直在寻思，究竟能有什么不利呢？于家的这点薄产，也就勉强支应家人温饱，聊胜于无。唯一担心的不过是你们兄弟的功名仕途。因此想听听你们的看法。"

于化龙赶紧表态说："大敌当前，咱们必须集全村之力，团结一心共进退，断无一家一户能独存的道理。"于成龙想得更长远一些，他提醒父亲："在来堡村，咱们于家属于殷实之户，父亲又被乡邻身前身后都尊称一声于大人，这个时候，父亲更应该做出表率，激发众人同仇敌忾，共渡难关。"

于时煌频频颔首，说："读书之人，贵在明

理。道理屈于私心，就会糊涂昏昧。"说到这里，他顺便考问起于成龙来："东林先生说，风声雨声读书声声声入耳，家事国事天下事事事关心。成龙，小到来堡村，大到山西、陕西，乃至整个朝廷当今面临的风雨飘摇，你是怎么看的？"

于成龙沉吟了好一会儿，才说："这几年，山陕两地屡遭天灾，旱灾蝗灾相继肆虐，使得富者贫，贫者赤，甚至发生了易子而食的惨剧。民心不稳，就会思变。这是人祸的缘起。眼下李自成的叛军号称拥兵百万，看似搅乱了朝廷，让天下陷入混乱的境地，可我也听到乡间小儿们在四处传唱：开了城门迎闯王，闯王来了不纳粮。由此可见，赋税真是太沉重了。孔子说，苛政猛于虎。对于百姓来说，粮食大过天，种地和纳粮始终是头等大事。"

于时煌微笑赞道："假使成龙得以出仕为官，定能造福一方。功名说到底还是要靠个人修为，祖宗荫庇不谈也罢。我也无须杞人忧天。"

翌日，于时煌聚齐村里的各姓长者，说："咱们来堡村一直以来在这里安居乐业，现在遭逢流寇的危害，修建堡寨，委实刻不容缓。有人说，堡寨建立起来，会破坏于家的风水。我们全家商量过了，就算对于家不利，只要对全村有利，我们自应率先赞同。"

在大家的共同努力下，一座坚固的堡寨很快建成。后来，又有小股流寇到了来堡村，看到村子防范森严，壮丁们又都配备有武器，不敢侵扰，只能仓皇逃离。附近村庄也纷纷效仿，在险要处建起了堡寨。堡寨之间形成掎角之势，大家守望互助，共同保卫家园。

战火中来堡村侥幸得以自保，永宁城却遭到了一次屠城浩劫。永宁城地形险要，北靠吕梁，南倚孟门，西对芦岭，东跨黄河，正因为具有重要战略地位，历来都是兵家必争之地。交山起义军便曾以吕梁山区为大本营，和明朝官军顽抗数十年。旌旗猎猎，人吼马嘶，明朝官军来了又去，起义军跑了又回，零星的战火一直燃烧蔓延。

李自成率军进入山西时，守卫永宁城的明朝将领崔有福迅速投降。此后，大顺军进入北京，崇祯皇帝自缢于煤山，明朝宣告灭亡。然而，李自成很快又被吴三桂和清兵联手打败，仓皇撤离北京。崔有福像墙头草一样,旋即叛变,于是遭到了李自成的攻打。围城二十五天之后,大顺军攻破永宁城。浩劫之后,农民军大肆屠戮,造成民生凋敝。

然而,永宁城的悲剧还远远没有结束。随着清军进驻永宁城,大同总兵姜瓖自称大将军,尊南明的永历帝为正统,又高举起造反的大旗,汾州府、永宁城也被卷入这场反清复明的战争。摄政王多尔衮闻讯大怒,率军亲征,打败了姜瓖,随即又是疯狂的杀戮报复。大同城和汾州府的百姓被屠杀殆尽,甚至连大同的城墙都被铲低了。为了避免灭城的惨剧,永宁城的士绅经过商议,无奈向清军投降。

这是一段永宁老百姓都不愿回忆的惨痛经历。恸天下之易主,哀民生之多艰,每思及此,寄身乱世的于成龙不免悲从中来。

科考落榜

　　清顺治八年（1651），顺治帝颁布了一道新谕旨，着令乡试、会试、殿试皆分满、汉两榜取士，此外，还格外开恩，殿试的前三名只授予汉族士子，所谓"旗人不列鼎甲"。此举一出，天下读书人皆动容振奋。

　　尽管晋阳的三月尚未有春色，于成龙还是早早赶赴太原，为半年之后的秋闱全力备战。

　　这一年，于成龙已经三十五岁，伴随着车轮在驿路上的颠簸，他的心情极为复杂。

　　十二年前，他第一次到太原参加乡试，便成为"副榜贡生"。此时再次赴考，清朝已经取明朝而代之，改朝换代的血雨腥风，如同挥之不去的噩梦一般笼罩心头，让他百感交集。

大顺军队、明朝军队、清朝军队以及反清复明的起义军，四股力量先后在永宁城展开激战。伴随着永宁城上不停变易的旗帜，是百姓的流离失所、生活的水深火热、生命的朝不保夕。对于寄身在堡寨中幸免于难的于成龙来说，朗朗的读书声也早被充塞于天地之间的黍离之悲遮盖住了。他深刻地意识到，读书做学问也许可以"两耳不闻窗外事"，但济世救人才是大业，必须体察天下苍生疾苦，在任何时候都做到不欺神明、不昧己心。

一边是要不要参加新朝科举考试的纠结，一边是考取功名之后要不要做新朝官吏的彷徨，这简直像两座大山一样，压在包括于成龙在内的所有士子的肩上。于成龙唯有时时默诵顾炎武的《精卫》诗以自勉："万事有不平，尔何空自苦。长将一寸身，衔木到终古。我愿平东海，身沉心不改。大海无平期，我心无绝时。呜呼！君不见，西山衔木众鸟多，鹊来燕去自成窠。"他在给好友武祗遹的书信中也直抒抱负："时有顾炎武、黄宗羲之义士，举倾家之财力以纾国难。似这般精卫神鸟的坚定意志与冲天豪气，我自忖不能相比，但也愿意'长将一寸身，衔木到终古'。"

虽然这样安慰自己，于成龙的心结仍不能解开。若对前朝君主恪守忠义，则不应参加新朝的开科取士；若想解救民众于水深火热之中，当然只能通过做官才能切实地造福一方百姓。好在武祇遹在回信中提及黄宗羲的观点，让他茅塞顿开。黄宗羲曾说，"我之所以出仕为官，是为了天下百姓，不是为了区区一介帝王"，"评定天下治理好坏，不应该用一个朝代的兴亡来作为标准，而要看万民是否安居乐业"。这些话让于成龙受到极大鼓舞，有了再次踏上仕途的决心。

他目睹山河巨变，民不聊生，痛心疾首之余，也在扪心自问：做官究竟为了什么？若是为了养家糊口，做个耕夫樵夫渔夫也能勉强做到；若是为了光宗耀祖，君不见明朝大厦倾倒于眼前，衮衮诸公已成坟中白骨；若是为了功名利禄，多少权倾朝野的一品大员在历史上臭名昭著；若是为了施展襟怀抱负，明朝的官员与清朝的官员显然没有区别，一样都有一试身手的舞台；若是为了天下苍生，那么解救万民生计尤其刻不容缓，更不能置身事外。

十二年时间，砥砺了于成龙的心志，让他变得更加沉稳坚毅。

在崇善寺，于成龙见到了他的两位多年故交，武祗遹和张奋云。谈及各自经历，三人无不怆然涕下。他们既自嘲年已过三十，尺寸功名未建，时不我待；又心痛于江山易主，读书人如何自立自取都成了极其复杂的问题。

他们原先计划一直借住于寺中，可惜的是，崇善寺地处闹市，难觅清静，三个人只得另寻读书的地方。在另外两位好友荆雪涛、时泽普的帮助下，五个人一起住进了太原城北的莲池东书院，每天早起晚睡，刻苦攻读，希望能在即将到来的乡试中取得佳绩。

八月桂花香，提醒着埋头苦读的士子们，蟾宫折桂正当其时。初八那天一大早，天还黑着，起凤街已经灯火闪烁，人影幢幢，三三两两的人提着灯笼一言不发地疾走。于成龙等五人夹杂在人流中，很快汇聚到贡院前的空地上。上千名考生，已经站成黑压压的一片。东边刚擦亮，吉时已到。随着九声炮响，龙门大开，莘莘学子都怀揣梦想："十年寒窗人未知，一朝闻名天下扬。"又见两列军士，一队手持红旗，一队手持黑旗，从贡院里快速跑出，在辕门外分成两排，站定之后便开始用力舞动手中的大旗。旗帜猎猎作响，夺人心魄。

于成龙对这里的一切都很熟悉。点名厅是考生点卯报到处，大栅场是对考生进行全身检查的通道，大公堂是主考官宣布考场纪律的地方。所有考生胆战心惊，鱼贯而行，依次穿过供给所、吏承所、弥封所、对读所、誊录所、受卷所、衡鉴堂、藻鉴堂、东监院、抡材堂、提调试馆，最后进入各自的考试号舍。

八千多个号舍东西相对，如同蜂巢，考生或伸头或露脚，也像蜜蜂一样。号舍非常狭小，高六尺，宽三尺，深四尺，面积不足两平方米。每个号舍里面有两张号板，一张固定在靠里处，一张是活动的。两侧的墙壁上砌有两道砖槽，将活动的号板架在高处的砖槽，便是课桌；架在低处的砖槽，便形成简易床铺，考生只能把身体蜷曲成虾一样才能躺下。由于号舍只在乡试期间启用，里面到处张挂

号舍非常狭小，不足两平方米。

着蜘蛛网，地上也满是积尘，考生需要先打扫一下，才能使用。每个号巷尾部都置有净桶，一天之后，屎尿的臭味就会弥漫开来，令人窒息。

为了防止作弊，考生在答题时不得轻易离开号舍。考生如果想要大解，必须提出申请，将考卷交由专人看管，再由监考官派人一起陪同如厕。同时，监考官会在该名考生的考卷上加盖印记，俗称"屎戳子"。作为阅卷人的内帘官看到这种考卷，可能会留下坏印象，导致给低分。

除了考官和号军是清朝的官吏，其他各种都沿循明例，没有变化。

接下来的三轮考试，总共要历时九天六夜，无论是答题，还是吃喝睡觉，都只能在号舍里面完成。八月昼夜温差大，白天日如火炙，甚于三伏，考生聚精会神地答题，往往汗流浃背而不自知，入夜之后气温陡降，拥被不能御寒，难免体僵齿战，格格有声。十一日晚，突然风雨大作，号舍无门，难阻风雨，于成龙为了不让答题卷被雨淋湿，只能用身体遮护，以致彻夜难眠。十六日下午，一阵骚动传来，原来是因为有一位考生扛不住考试的巨大压力，功亏一篑，癔症发作，被号军架了出去。

第一场考的是四书和经义，第二场考的是五经和诏、判、表、诰，第三场考的是时务策。这些内容于成龙早就烂熟于胸，在少年时他便对父亲说："经史子集千万卷，无非'仁义礼智信'五字而已！"此后他又研读程朱理学，将之归结为"天理良心"四字。

从考场出来后，于成龙依然回到莲池东书院，静候放榜。可惜的是，这次他落榜了。

于成龙自然倍感失落。他的成绩竟然还远不如十二年前，这真是让人郁闷不已。

武祗遹急忙劝慰他，说："成龙兄大可不必灰心。你是前朝副榜恩贡出身，本朝皇帝求贤若渴，一视同仁，你一样可以前往吏部备选。当此百废待兴之际，朝廷最急需的正是成龙兄这样的人才。"

于成龙叹息说："话虽如此，但毕竟不是正途。"他没想到，十二年的悉心苦读，在科举一途竟然不进反退，难道命中注定当不了官，实现不了自己的宏愿吗？欲解天下苦，敢为天下先。他最为担心的是，自己所奉行的天理良心，究竟还有没有机会践行。

赴任广西

　　顺治十三年（1656），于成龙已经四十岁。在父亲的再三催促下，于成龙赶往京城参加吏部考试，最终取得了"上卷"的成绩，因而获得候补知县的资格。如果是"上上卷"，对应的官职级别是通判；如果成绩在"上卷"之下，就只能是教谕训导之职。

　　按照朝廷规制，不出意外的话于成龙将从知县一职开始他的仕途生涯。然而候补知县却让于成龙悲从中来。原来，他的兄长于化龙此前曾花钱捐官，得到的也是候补知县，可惜于化龙没有等到上任，便因病辞世。这也是于成龙一直等了五年才参加吏部考试的原因。由于兄长于化龙病殁，父亲又垂垂老矣，自己的长子于廷翼年方十五，他只能将祖传的家业挑在自己肩上，除了打理酒坊，还要耕种土地，暂时断了做官的念头。

两年之后，父亲因病去世，于成龙守孝三年后，四十五岁的他终于启程赶往京城，参加吏部掣签。

清朝沿袭了明朝的掣签法，由吏部统一安排官员补缺，通过掣签分发外派，以示公平合理。不过，清朝的掣签法又有不同。首先，清朝的官缺因人而异，分为满缺和汉缺，有些高级官职固定为满缺，汉人根本没有机会；旗人原则上可以出任所有汉缺，不过，为了便于地方治理，根据"以汉治汉"的原则，绝大多数知州、知县及各级佐杂官主要还是由汉人充任。其次，清朝还以"冲、繁、疲、难"四个标准来衡量府、厅、州、县的重要程度和治理难易。冲，是指所处地理位置极其重要；繁，是指具体的政务特别繁多；疲，是指赋税不易征收；难，是指民风彪悍难以治理。四个字全部占全的为"最要缺"，占三个字的为"要缺"，占两个字的为"中缺"，一项也没有的为"简缺"。

很显然，"最要缺"的官最难当，"简缺"的官最宜做。挑肥拣瘦者挖空心思走门路，希望尽可能补上"简缺"。

当时，年仅八岁的康熙初登大宝，山西泽州府阳城县的陈廷敬被授予起居注日讲官之职，成为幼帝身边的近臣红人。有人撺掇于成龙以同乡之情去找陈廷敬疏通关系，于成龙断然拒绝："此举不仅违背我的良心，也会陷陈大人于危险境地，君子不为也。"又有人暗示于成龙可以花钱买官，提醒他说："吏部官员以此渔利，你只需缴纳些银两便能去富庶之地做官，不仅能很快加倍赚回来，还能在仕途上更加顺利，何乐而不为呢？"于成龙摇摇头说："这样的事我是不会去做的。"他们都像看怪物一样上下打量着于成龙，气急败坏地说："不听好人言，吃亏在眼前。我们倒要看看你于成龙究竟能选上什么样的官！"

铨选当天，于成龙随同众人一起，早早恭立于吏部议选处的大院中，手里捧着备选士册，上面写有各人的姓名、功名等资料。主持掣签的吏部官员先朗声致辞，接着，开始仔细交代注意事项：凡属文进士、文举人、恩贡生、拔贡生、恩监生、副监生、荫生的人，需在"正途"案台前掣签；凡属捐纳、吏员考职、生员、俊秀（未取得生员资格的读书士子）的人，需在"杂途"案台前掣签。

终于开始掣签了，被点到名字的应选人，便快步走到相应的案台前，先交出备选士册，再从签筒里掏出一支签。

明知自己抽到的很可能是"要缺"或"最要缺"，于成龙还是坚定地伸出手去。他默默地在内心安慰自己："见利勿趋，见害勿避。"果不其然，他抽到的是一支下下签，签牌上写着"广西"二字。当时广西偏南一隅，久乱未治，民族杂居，不仅是有名的烟瘴之地，还存在着棘手的海上问题，显然是"冲、繁、疲、难"四字占全的"最要缺"。

以于成龙这么大的年纪，还要去广西做官，连吏部官员都深表同情。但是于成龙很快振奋精神，将签牌和备选士册并排放好，快步退回大院中，他在心底暗暗发誓：大丈夫为官，要去就去最险要的地方，这是巨大的挑战，也是绝好的机会。史上不乏有先例，比如柳州之于柳河东，贵州之于王守仁，焉知广西不会成全我于成龙呢？

怀揣一张吏部签发的任命书，于成龙昼夜星驰，赶回永宁。经过山西清徐县时，曾担任过浙江萧山知县和江苏苏州府同知的王吉人正丁忧在家，他接待了于成龙。王吉人并不赞同于成龙去广西做官，以为其实质与罪人流放无疑。但于成龙是一个"咬定青山不放松"的人，虽然按照王吉人的说法，广西地处偏远，气候恶劣，没有必要去冒险，他却低头不语，不为所动。王吉人长叹一声，不便多劝，只能互道珍重，伤心而别。

为了凑齐路上的盘缠，于家变卖了一部分家产，凑足了一百两银子。家人不放心他一个年近半百的人，要去几千里外的广西做官，万一生病了怎么办，便雇了五个年轻的仆人，一路随行照顾。

一切准备就绪，于成龙将家事仔细交付长子于廷翼，又向老母亲磕头辞行。自古忠孝不能两全，于成龙只能满怀歉疚，泪流满面地踏上旅程。

离开永宁后，于成龙专程绕道去稷山县探望抱病在家休养的武祗遹。除了想好好叙旧，于成龙也渴望从老朋友那里得到更多的理解和支持。

一切准备就绪，于成龙将家事仔细交付长子于廷翼，又向老母亲磕头辞行。

他对武祗遹坦陈自己的志向:"我此行决不以温饱为志,发誓不会愧对'天理良心'四字。"作为多年的至交好友,武祗遹当然理解于成龙的抱负,安慰他道:"历史上的包拯、赵抃(biàn)、司马光、海瑞等人,都因为耿直又没有私心,最终成为彪炳史册的名臣。你一定也能成为像他们一样的人。"

辞别武祗遹之后,主仆六人继续沿着驿路南行。上天似乎还要进一步考验于成龙的心志。在湖南永州附近的冷水滩头,于成龙突然身染重病。病来如山倒,病去如抽丝,为了不耽误行程,于成龙惟有咬牙拖着病体继续上路。好不容易挣扎着到了桂林,广西的巡抚、布政使、按察使等长官经过商议,授予他罗城县令一职。因见他病重,大家都劝他在桂林暂住一些时日,至少也得把病养好,等候身体复原。于成龙执意不留,他已经多少了解到罗城的现状,此前派遣的两任知县,一人病死,一人弃官逃亡,那方官印也变得分外沉重烫人,这些情况都催着他尽快走马上任。因为广西提督由南宁移驻柳州,他要先去柳州府办理一道手续,之后再去罗城履职。

去柳州的路上，于成龙的病又加重了，只能由仆人轮流用担架抬着前行。柳州素以盛产棺材闻名，于成龙一度产生了幻觉，他觉得在柳州等待他的，像是一口棺材。那口棺材漂浮在空中，棺材盖慢慢打开，似乎只等着把他这具衰老的病体囫囵装进去。做过这样的噩梦之后，好像死亡也不是那么可怕。到达柳州后，于成龙的病情有所好转，在死亡边缘转了一圈之后，他终于活过来了。

从北京到永宁，再到桂林、柳州，意外和磨难接踵而来。罗城还没有到，随行的仆人已经叫苦不迭，打起了退堂鼓。令于成龙万万没有想到的是，在以后等待着他的，远比这次行程更辛苦、更凶险。

罗城之患

　　当时，罗城刚经历过战乱，人烟稀少，十室九空，城门外列队迎接他们的只有萋萋黄茅。这些一人多高的野草，像披甲的士兵一样，竟然将周长不足二里的城池团团围住。主仆面面相觑，进入城内，也没有发现一个人影。

　　暮色四合，却不见炊烟，夜风中各种动物的叫声越来越清晰，如在耳畔。罗城宛如一座空城，也找不到人问路，他们只得栖息在一座关帝庙内。仆人们一躺地上便呼呼大睡，鼾声如拉扯风箱一般。于成龙怎么也睡不着，眼前的处境是他始料未及的，他必须要想想下一步怎么办。第二天上午，他们才找到县衙，一看又傻眼了。这哪里是县衙，分明是农舍。只有三间草堂，一间权作客房，一间作书办房，一间用于审案办公。后院又有三间草堂，是知县眷属宅院。整座县衙也如同城池一般，空空荡荡，全无屏障。主仆几人赶紧忙着修葺草屋，勉强入住，又挖灶支锅，吃上了到达罗城后的第一顿热餐。

第二个晚上，他们却着实受到了惊吓。一个仆人半夜外出小解，睡眼蒙眬中，猛地看到一头猛兽从身旁施施然而过，斑斓的皮毛触手可及，可怕的气息扑面而来。他一下子清醒了，屏气凝神，等到猛兽走远，才连滚带爬地跑回屋内，簌簌发抖地把其他人都叫醒。他们看到，月光下真的有一只老虎在悠闲散步，它似乎已经饱餐过，此刻正懒散地逡巡自己的领地，不时张开血盆大口，露出獠牙，伸出血红的舌头舔舐脸颊。老虎刚在旁边林地中隐去了身影，树上的猿猴便放松了警惕，它们三三两两地出现在县衙周围，不时推门敲窗，甚至溜进房间，一点都不见外。

人烟稀少，野兽率舞于庭。这分明是阿鼻地狱的景象。仆人们更害怕了，纷纷哀叹："这里既然有猛兽出没，想必也少不了杀人越货的强盗。"他们还真说对了，罗城不仅有强盗，还是明火执仗让官府都束手无策的团伙。不过仆人们没能亲眼见到这些强盗。

先是那个见到猛虎的仆人，因为心悸而得病，很快客死异乡。其他仆人都害怕了，恳请于成龙让他们回山西。于成龙也于心不忍，不愿意仆人们跟着自己无辜受累，便只留下忠仆苏朝卿，给其余三个仆人发放了盘缠，遣返他们回家。却说三人顺利返归永宁之后，向主家复命，免不了添油加醋渲染了一番路上的艰辛和曲折。于成龙家人很是担心，又新雇了四名仆人前往罗城。这次情况更悲惨。四人到达罗城之后，三人很快病死，一人精神失常。于成龙没有办法，只得让苏朝卿把发疯的仆人一路护送回去。

这样一来，于成龙在罗城便成了真正的孤家寡人，一日三餐和生活起居都只能依靠自己解决。为了防备盗贼和野兽的袭击，他晚上睡觉时特别警觉，除了枕头下压着一把朴刀，床前地上还要插上两杆长枪。蒙眬恍惚间，于成龙总是错把垂着缨须的长枪当成家乡的红高粱。

罗城远近百姓都知道城里来了个奇怪的县太爷。一个人住在破败不堪的衙门里，饿了自己生火做饭，渴了自己烧水喝，衣服破了竟然也是自己缝补。此外，还喜欢读书吟诗。这些事情，慢慢传遍了全县。再没有比于成龙更无官威和不摆官架子的知县了，说他是个逃荒至此的孤身老人还更可信些。很多百姓虽然躲到乡下居住，有时也会特意赶到城里来看稀奇。

于成龙和百姓很快熟络起来，越来越多在乡间避难的人们又举家迁回城里。人气日盛之后，野兽逐渐也遁入山林。罗城老百姓很同情于成龙主仆在罗城的遭遇，告诉他，广西之所以被称为烟瘴之地，是因为这里气候潮湿，病菌毒虫很多，北方人初来乍到，往往不适应，很容易生病，加上情绪低落，这才导致病入膏肓。只要保持乐观心境，平时喝点酒去去湿，其实是不会那么容易染上瘴气的。从那以后，于成龙养成了每晚适度饮酒的习惯。

来到罗城的第一年春天，于成龙便四处走访百姓，亲自劝耕励农。俗话说，没有贫的地，只有懒

于成龙一个人住在破败不堪的衙门里，饿了自己生火做饭，渴了自己烧水喝。

的人，罗城很快禾穗被野，牛羊满山。然而，随着庄稼越长越高，丰收在望，农人却反而愈加忧心忡忡。原来，紧邻罗城县的柳城县有一个西乡镇，整个镇子的人，平时务农，但拿起武器就化身为盗，四处抢劫，经常越境侵犯罗城，进村就抢，抢完就跑，让百姓苦不堪言。

很多百姓向于成龙控诉西乡盗匪的恶劣行径，说："于阿爷，我们辛辛苦苦耕作的庄稼，成熟在望。西乡那伙盗匪已经摩拳擦掌，再不想想办法，马上就要被他们抢完了。"为了解决这个大患，于成龙还专门致函柳城县令，但是他不以为然，反而劝告于成龙说："于大人来罗城也有些时日了，难道还不明白，我们这些当官的能做的，无外乎守着这方官印好好待着，不要节外生枝。老百姓们闹些小矛盾，让他们自行处理便好，没必要小事化大。"

于成龙很生气，又多次向柳州府申明情况。可是州府的上司对这种问题向来很头疼：派本部兵马去，因为地形不熟，未必能讨得了好；动用大兵征剿，又师出无名，也担心引发更大的乱子，到时

"吃不了兜着走"，遭同僚弹劾，被朝廷训斥，所以只能装聋作哑，不予处理。他们还一再暗示于成龙：老老实实做官，够了"边俸"年限，等着升迁调职就好。在这个鬼地方，不要大意命丧野兽之口，也不要感染时疫而殁，更不要被盗匪杀掉，就算是烧高香了。

"剿不剿？"于成龙思虑再三，决定杀鸡骇猴，以儆效尤。如果西乡盗匪如此横行不法，却任由他们逍遥法外，肯定会出现其他盗匪，届时他肯定疲于应付。

"怎么剿？"上司不置可否，同僚装聋作哑，那就只能自己上阵了。好在罗城是多族聚居之地，少数民族的男子孔武有力，热血好斗，特别是在推行了保甲法以后，于成龙对乡勇们的战斗力十分了解。

他命人四处张贴告示，募集乡勇，告示上说："西乡之邻，不怜农人稼穑之辛苦，无视他人所有之私产，肆意掠夺，情法难容。皇恩浩荡，柳城罗城莫非王土，岂能坐视相侵益急，相邻之谊，而呈世代水火之势。现募集乡勇，保田亩，御强人。"

于成龙做出这个决定，其实承担着巨大的风险。因为没有朝廷下令，区区一个知县擅自募兵打仗，即使获胜，若朝廷追究，罪名也不小，甚至会被别有用心者诬告为造反。知县大人都能甘心做出这等牺牲，罗城县的老百姓自然个个奋勇争先。

于成龙把求战心切的乡勇们组织起来，认真准备，积极应战，力图一击必中。他还大张旗鼓，杀牛盟誓，决计直捣黄龙。为了这次征剿行动能够一举成功，于成龙又组织百姓抢修出一条道路，直插西乡。乡勇们士气高涨，摩拳擦掌，他们受尽西乡盗匪的欺凌，终于可以好好出一口恶气了。

西乡盗匪的首领终究还是害怕了，急忙派人前来乞和，不仅愿意如数归还此前掳掠的财物和人员，还保证以后不再侵犯。

消息传到桂林府，巡抚、布政使和按察使等大员们都对于成龙刮目相看，觉得他办事果敢，值得嘉奖。

保盗自新

康熙八年（1669），于成龙升任黄州府同知，坐镇麻城县，他的职责是负责全州的缉捕盗务。合州是苦寒之地，黄州却富庶繁华，在外人眼里，此次升迁无疑是从糠箩跳到米箩里，苦日子总算熬到头了。只有于成龙自己心里清楚，自古以来黄州地区民风彪悍，盗案频发，怕是要加倍勤勉操劳，才能保住一方平安。

在罗城时，于成龙已经积累下很多和盗匪打交道的经验。黄州和罗城的情况，既有相似之处，也有很大不同。比如说，两地因为长期战乱都建立了地方乡勇组织，乡勇的战斗力都很强，进可投入战场，退可守卫家园，但是如果疏于管理，个别乡勇也很容易化身为盗；又比如说，罗城很多人是因为环境恶劣、生活穷苦而落草为寇，黄州却是富庶地区，很多盗匪和地方豪强关联很深，甚至和官府都有勾结。

上任之初，于成龙掌握了九名盗匪的行踪，巧妙布防之后，终于将他们一网打尽。按照当时的律法，盗匪过堂认罪之后，就可以打入大牢，听候发落，没想到两位督捕理事官却建议说："于大人，此九名盗匪横行乡里，州府震惊。卑职以为，应该解往黄州，交由知府大人处置。"于成龙有点担心，说："如果押送途中出现意外怎么办？"督捕左理事官说："于大人无须过虑，如果途中犯人逃逸，地方厅府俱不会受到牵连，倒是可以省却诸多麻烦。"于成龙十分不满，问道："你说的这些麻烦，具体何指？"督捕右理事官忍不住提醒他："一旦辖地发生盗案，即使盗匪被抓住，主事的官员也要被上司问责，甚至可能就地免职。"

听闻此说，于成龙惊愕不已，难怪荆襄之地盗风愈炽，原来是有很多落网的盗匪在押解的途中逃跑，继续为害作恶。盗案发生后，一则隐瞒不报，二则抓捕不力，三则纵犯逃逸，凡此种种，都着实让人心寒。他叹息说："知道了案情，既不处理，也不上报，这样的官员简直是和盗匪狼狈为奸、沆瀣（hàng xiè）一气，即使朝廷不追究，他当这个官也是尸位素餐。本官是断然不会这样做的。在本官辖区内，有盗事者，一定要一查到底，敢为盗者，一定要严惩不贷。"在那一刻，他便已下定决心，无论遇到多少阻力，也要改变这样的现状。乱世必用重典，对违法犯罪之徒更是绝对不能姑息。

于成龙因此特地向知府递上条呈，获得便宜行事之权。重犯一旦落网，查明所犯罪行属实，签字画押后，便可就地正法，永绝后患，无须解送州府。

在确凿的证据面前，九名盗匪都对自己的罪行供认不讳，在罪状上签字画押之后，被关入大牢，只待刑部批文一到，便于秋后开刀问斩。于成龙又特别交代狱吏，凡有人前来探狱，探视者与犯人的关系，以及探狱的次数，均需详细记录在案。

行刑日那天，犯人们吃完断头饭，被五花大

绑，背后插着亡命牌，牌上写着"斩盗犯某某"，名字上还画着一个触目惊心的朱砂圈。他们像一串秋后的蚂蚱，被拉到岐亭镇的广场上公开示众，以儆效尤。只待午时三刻，炮声一响，人头落地。

闻讯赶来的民众，将广场挤得水泄不通，一来他们不相信新上任的于大人真的会大开杀戒，二来他们都希望亲眼目睹恶贯满盈的坏人伏法。有犯人的父母夹在人群中，看着不孝子老泪纵横。还有犯人的妻子站在一旁，免不了一阵痛斥："你做了违法事，自然要受到官府制裁。只恨于老爷晚到了几年，没能让你悬崖勒马重新做人，如今只能在断头台边为你送行。"

于成龙宣读了犯人们的罪状和判决书，然后说："现在这九名罪犯，所犯皆为伤天害理的罪行，手段毒辣，人神共愤。不过，本官念在蝼蚁尚惜性命，何况是人！九名罪犯之中，四名主犯乃是惯犯，天理难容，罪在不赦；有五名从犯，罪行较轻，本官愿意给他们一次机会，如果有人肯出面作保，保证他们以后再不行违法之事，本官马上当场释放他们！当然了，如果他们在保释后依旧积习不改，保人须与犯人一同治罪。"

大家都面面相觑，不知道这位于大人的葫芦里卖什么药。

衙役们都认为这位于大人太过任性胡来，上峰的批示竟敢不遵，这可是自毁前途的举动。他难道不怕被人检举告发吗？其实，于成龙早就得到了上峰的许可，对初犯和从犯，但有悔过之心，可以从轻发落。犯人中谁尚有羁绊，谁被探视得多，谁在亲人面前痛哭流涕，管狱官都记录得明明白白。这些人是最有可能改过自新的。

亲人们虽然都想为这五名犯人作保，但都免不了再三考虑，犯人值得不值得救，自己会不会惹火烧身。

最后，只有两名犯人被亲人保释。他们喜极而泣，听到消息的时候腿都软了，口里喊着："谢谢于大人不杀之恩！""于大人真是再生父母！"

于成龙正色道："你们错了！真正救你们的，是你们自己。如果你们没有悔过之心，本官也不会纵虎归山；救你们的，更是为你们作保的人，望你们不要辜负他们，更不能牵累他们。这次饶你们不死，是本官的慈悲，也是保人的怜悯。以后如何，就要看你们自己的造化了。"

被保释的两名罪犯，自此以后果然循规蹈矩，成为良善之人。

性善和尚曾反复向于成龙宣扬，救人一命胜造七级浮屠。在于成龙看来，即使大奸大恶之徒，也是一个"人"，只是人性被扭曲污染了而已。通过"作保连坐"，不仅保住了盗匪的性命，也激发出他们的感恩畏惧之心，让他们弃恶从善，自然是一件功德无量之事。

化名杨二

    有一伙盗贼，行踪不定，行事非常周密，从来不留下蛛丝马迹。他们通常只找殷实大户人家下手，于普通百姓秋毫无犯。厅府官衙受到富户们联名告状的压力，对他们抓捕甚急。

    于成龙接任黄州同知后，首当其冲的便是这个棘手的案子。根据以往案件的记录，可推断这伙人主要活动在长江北岸，也就是麻城、黄陂、罗田、梅县一带，首领绰号"罗麻子"，真名不详，年龄不详，体貌不详，手下人数不详。湖广总督蔡毓荣责令四县知州务必将罗麻子一伙缉拿归案。要想成功抓捕罗麻子，只能等他们外出作案，可是又很难抓住破绽，真好比老虎吃刺猬，无从下嘴。

"为什么罗麻子每次作案之后都能逃脱呢?"于成龙为此绞尽脑汁,他断定这个罗麻子对官府的缉盗方法很熟悉,不是在官府安插有内应,就是本身即为官吏,才能料敌机先,步步设防。于成龙的手下也深有同感,罗麻子来无影去无踪,他们完全是在和一团看不见的空气较量。

"假设罗麻子在官府有内应,"于成龙分析道,"为什么我们不能反其道而行之,也在罗麻子身边安排探子呢?"方法是个好方法,只是不易实行。第一,不知道罗麻子是谁,怎么让探子加入他的团伙?第二,罗麻子异常警惕,定然对衙门官吏有所了解,熟人熟面,即使侥幸混进去,也会很快暴露。

这样一来,不仅打草惊蛇,还会让探子置身险境。于成龙陷入了沉思。他的身前是鸣冤大鼓,他的身后是明镜高悬,这些都在提醒他,必须尽早结案。想到明镜,他似乎在镜中看到了自己。"我自己不就是新来的吗?"他顿时豁然开朗,问道:"你们觉得本官怎么样?"他的手下一时不知道于大人何出此问,待反应过来,纷纷劝止:"大人万万不可！我们连罗麻子是谁都不知道，怎么能让大人亲自冒险！"

于成龙却越发坚定了，说："你们不用反对了！这步棋必须这么下！我们不知道罗麻子是谁，罗麻子也不知道于成龙是谁。都是生面孔，我们才有胜算。"

众人还是很担心。鉴于罗麻子向来不找穷门小户的麻烦，他们坚持让于成龙化装为一个乞丐，绰号"杨二"，因为家乡遭受洪水灾害，一路乞讨到麻城。又怕他在口音上露出破绽，就教他一些常用的本地话。好在于成龙确实没有官架子，也没有官威，穿上破烂衣裳，挂根打狗棒，托只缺口碗，确实像个逃荒的老乞丐。

于成龙又和众人约定，打从他从衙门后院出去后，便不再是同知大人，而只是一个又老又穷的要饭花子。他打算每天乞食果腹，每晚只在野外古庙中歇息。如果发现蛛丝马迹，他便找机会传送消息，于成龙认为，罗麻子一伙的落脚点很有可能是荒郊野外无人注意的古庙。

一番乔装打扮之后，"杨二"悄悄走出了后

杨二在店铺门前行乞,偶尔有人会向他的破碗里倒一些残羹冷炙。

衙，融入到街市上来往不绝的人流中。

"可怜可怜我这个糟老头子，赏我一点饭吃，给我一口水喝吧。"杨二在店铺门前行乞，偶尔有人会向他的破碗里倒一些残羹冷炙，更多时候会被一顿不耐烦的呵斥赶走。他就这样越走越远，背影越来越伛偻，最后走出了城门。

黄昏时分，杨二终于找到了一座破败的古庙，惊起了鸦群，乌鸦在空中盘旋聒噪了一会之后，又停栖在古庙的檐角，像雕像一样凝固在暝色中。当晚，破庙里又来了三个乞丐。他们看到杨二，很不高兴，以为这个不速之客占领了他们的地盘。这三个乞丐想必寄宿在这个古庙有一段时间了。他们要把杨二赶出庙去，杨二说自己害怕遇到强盗，赖着不肯走。乞丐们笑了，说："如果有强盗来，我们早就不敢在庙里住了。"最后，杨二给了他们一枚铜板，他们才让出了一个角落让他睡下。

第二天，他离开古庙，继续沿途乞讨。到了下午，天色突变，下起雨来。杨二冒雨前行，赶到一片树林中避雨。饥寒交迫的他，浑身打颤，他不合时宜地病倒了。大雨下到傍晚才停，这个时候已经无法再去附近的村子乞食，他只得饿着肚子继续在林中寻找可以睡觉的地方。

一轮圆月像水洗过的银盘，挂在林子上空，透出点点清晖，更增寒意。杨二越走越冷，身上皮肤却发烫。他咬牙往前迈动双脚，林子里面的虫鸣使劲钻进他的耳朵，像是要刺穿一般。他的眼睛也开始发花，终于看到有一座古庙的轮廓，庙外还有几个人影。他刚要出声打招呼，却一头栽倒在地上。

醒来时，杨二发现自己躺在古庙内，身下还垫着干草褥子。"他醒啦。"一个人高兴地嚷嚷着，"快给他喝点姜汤吧。"又一个人把他扶起来。杨二感觉到自己的头异常沉重，必须依靠在那人的肩上。"来，老人家，喝点姜汤吧。"那人的个子也很高大，喂汤的时候却分外小心翼翼。喝完姜汤，杨二又沉沉睡去，天亮之后却发现古庙内一个人也没有。一个陶锅架在熄灭的火堆上，里面的粥还是热的。这肯定是那帮人特地给他留下的。这些会是什么人呢？是强盗吗？会是罗麻子一伙吗？杨二一边喝着粥，一边琢磨这伙人的身份。直觉告诉他，这伙人晚上还会出现，他决定等他们。

入夜之后，这伙人果然出现了，一共八个人，为首那人虎头虎脑，满脸带笑，很是亲切。他看到杨二已经行动如常，忍不住夸奖道："老人家，没想到你身体倒是健壮。"杨二说："微贱之人，草木之躯，这点病扛扛也就过去了。幸亏遇到你们，分食留宿，才让我恢复得这么快。"其他人都说："老人家说哪里话，即使萍水相逢，也理应相互照顾才是。"说着铺开食物，却是一只烧鸡，一盘牛肉，一堆馒头，他们又倒上酒，邀请杨二一起吃喝。"昨晚你身体虚弱，只能吃些流食。现在恢复得差不多了，可以吃些肉食饮些酒，对身体好。"杨二也不推辞，拿出破碗接满酒，又拿了一个馒头。首领瞧着杨二，问道："听老人家说话，却像个读书人，怎么流落至此？"杨二早有准备，说："幼时也受过启蒙，只是才薄学浅，进学无望，便守着一点祖传的家业度日。没成想天灾人祸，再无容身之地。"首领恨恨道："小皇帝不懂事，鳌拜又擅权，弄得天怒人怨。"

吃饱喝足，那伙人一时兴起，趁着月光在庙外空地上玩耍，摔跤举石，不亦乐乎。为首那人邀请杨二说："老人家要不要也上场试试？"杨二说："病也好了，加上酒足饭饱，正好看看力气恢复了多少。"他欣然上场，搬着大石走了好几步。众人轰然叫好，说："老人家这般年纪，想不到却有如此神力。"首领见杨二识文断字，又有些力气，便发出邀约，说："老人家，你若没个好去处，不如加入我们，强似你风乞雨讨，过着饥一顿饱一顿的生活。"杨二连连摆手，不假思索地拒绝了，"好汉们虽不明说，我却猜到了几分。好意心领，只是我不愿这么做。"众人急于说服他，说："你一个人无牵无挂，做强盗有什么不好？"杨二说："我是穷苦人出身，乞讨以来更是受尽白眼。我不忍心做强盗，再去欺负无依无靠的穷人。"众人释然，说："原来如此，老人家却是多虑了。我们虽是强盗，却自有原则，从来不欺负百姓。"杨二很高兴，说："我瞧你们也不是寻常盗寇，原来是绿林英雄，失敬失敬。"

大家又返回庙内，倒上酒水，庆祝新人入伙。杨二说："我在家中排行第二，家乡人都称我杨二。"罗麻子说："兄弟们平时都以绰号相称，以后就叫你杨二胡子吧。"杨二连饮三碗酒，说："我用这碗一路乞讨，不过盛些残羹冷炙，没想到在这里喝到如此美酒。"众人大笑，说："这碗不要也罢，有我们吃的自然就有你吃的。"

有了杨二做内应，捕快衙役终于掌握了罗麻子一伙的行踪，迅速将他们抓获。当盗匪们发现"杨二"竟然是于成龙时，一下子全傻眼了。于成龙命人为他们准备了酒菜，对罗麻子说："我是官，你是盗，咱们注定要在这样的场合相见。"罗麻子也很洒脱，说："栽在于大人手里，我心服口服。当初见到大人，就知不是寻常之人。"于成龙说："我敬你们是汉子，也感谢你们的活命之恩，先敬你们一碗水酒。"

"杨二胡子，如果你还记得是我们在古庙救了你，就请你高抬贵手，放我们首领一条生路。"群盗纷纷跪下，哀求道，"我们砍了也就砍了，死后绝不来找你报仇。"

罗麻子喝道："这是于大人，不是你们认识的杨二胡子。"又对于成龙说："我是首领重犯，甘愿引颈就戮，只求于大人垂怜，放他们一条生路。"

"你们虽然犯下盗窃罪，但念在没有犯下人命案，罪犹可恕。本官和你们相处几日，发现你们都是重情重义之人。如果你们愿意协助本官办案，将功折罪，本官愿意亲自向知府大人求情，对你们法外开恩，从轻发落。"

罗麻子一伙自然喜出望外，脱罪之后无不卖力办事，报答于成龙的义释之恩。

后来的大盗彭百龄、"蕲黄四十八寨"首领之一刘启祯，都有感于此，接受了于成龙的征调，成为他的得力助手。有了这些人的帮助，于成龙经办起盗案，更是如虎添翼，盗贼们愈加闻风丧胆，黄州地区的治安也迅速好转。于成龙因此被当地百姓誉为"青天于二府"。

首遭革职

    康熙十二年（1673）春，年轻的康熙皇帝决定撤藩，由此，云南的平西王吴三桂，福建的靖南王耿精忠，广东的平南王尚可喜，联合起兵叛乱，史称"三藩之乱"。

    平西王吴三桂更是筹备已久，兵力雄厚，计有前后左右援剿四镇，还将前明与农民军的投诚官兵，统一编制为"忠勇""义勇"二营。他自称"天下都招讨兵马大元帅"，麾下猛将如云，有金吾前、金吾后、金吾左、金吾右四位大将军，又有奋威、从威、亲威、建威、广武、勇略六员上将，以及征朔、讨朔、复朔、灭朔、殄朔、破朔、剿朔、靖朔八位将军。吴三桂的兵力，从云南、贵州出兵，迅速占领了湖南的澧州、常德、岳州、长沙。

一时间朝廷震怖，天下惊惶。清朝大军迅速在荆州、武昌等地聚集驻防，与吴三桂的叛军隔江对峙。

于成龙此前刚刚接到吏部调令，前往福建省担任建宁府知府。湖广巡抚张朝珍舍不得让得力助手于成龙离职他往，他一面向朝廷发出加急奏疏，要求就近改任于成龙为武昌知府；一面直接命令于成龙立即前往武昌，接手诸多重要军务。可以说，于成龙大权在握，湖北汇集了数十万官兵，单军资物款一项，就涉及上亿两白银。

四月初，于成龙奉命前往咸宁、蒲圻二县，督造两座供大军通行的水上浮桥。修建咸宁浮桥还算比较顺利，前后只花了三天时间。等到了蒲圻，于成龙忍不住暗暗叫苦。受战争影响，蒲圻已经完全是一座空城，城中只有丁忧在家的巡检一户，人手严重不足；修建浮桥的材料也急缺，只能四处征调船只。他忍不住自嘲说："蒲圻是一座空城，知府也是一个废人，两者倒是

为了搭建浮桥，于成龙每天从早到晚都在河边守候。

般配。"

虽然如此,于成龙依然不遗余力。大战迫在眉睫,他同时还肩负着蒲圻的驻防重任,在与巡检商量之后,他当机立断,将蒲圻六座城门的四座封闭,只留北门和水门供人进出。又派手下到各处张贴告示,呼吁百姓尽快回到城里居住。城里住的人多了,不但能起到安稳人心的作用,同时也有助于守城。

为了搭建浮桥,于成龙每天从早到晚都在河边守候,看到过往的民船商船,亲自劝征,并一一登记在册。好不容易才凑齐了船只数量,船工们将船身并排固定于河面,以连通两岸。偏偏天公不作美,突然下起大雨,暴发了洪水。此时除了要造桥,还需分出人手去防洪,人人只恨分身乏术,于成龙更是忙得连轴转。接连多天的大雨,使得水面满涨,水流湍急,不仅增加了搭建浮桥的难度,船只也不够用了。原定于四月二十九日需要完成的任务,在时间上一再延误,直到五月十一日,蒲圻浮桥才得以建好。

于成龙还没来得及喘口气,咸宁那边又传来了噩耗：咸宁浮桥居然被洪水冲垮了。他立刻赶到咸宁，组织人员连夜冒雨修桥。更加麻烦的是，有一队清军调拨完毕，正准备渡河奔赴前线。因为浮桥被冲毁，人马难以前行，统军将领暴跳如雷，对着河道官一通咆哮："此处主事的官员是谁？叫他速速前来见我。"于成龙三步并作两步，赶紧去见统军将领。甫一见面，统军将领便出言恐吓道："延误军机的罪名，可是你这六品顶戴能担当得起的！"待认出是于成龙，这位将领不怒反笑，说道："赶巧了不是。这不是于大人吗？"他认得于成龙，于成龙却不认识他。

"于大人，于老爷，于青天。今儿个我也不瞒你，延误军机的罪名，这次你是背定了。谁让你惹怒了尼雅翰将军，杀了我的兄弟，不把军营勇士放在眼里。我也不让你做个冤死鬼，你好生记着，我叫硕岱。今儿个你既然因事犯在我手里，我一定要向兵部参奏你一本，禀明你造桥有'功'，必须'奖励'。"

原来，将军尼雅翰率领大军驻扎武昌期间，对军士管束不力，经常发生恃强凌弱、欺负百姓的事件。尤其是他手下的一个士兵，自恃是八旗子弟，其祖、父皆有战功，无恶不作，使得老百姓怨声载道，纷纷称他为"恶少"。于成龙认为，越是在战时，越要从严处理这类案件。控诉这名恶少的状纸越来越多，于成龙决定杀鸡骇猴，既要为无辜的受害者讨回公道，也让驻扎在武昌一带的军队严明军纪，万勿扰民。他料定这个恶少积习难改，一定还会溜出军营，继续为非作歹，便派出差役在军营外日夜设伏。等到他驰离军营，想要为非作歹时，差役们一拥而上，将全无防范的恶少五花大绑，解往衙门。于成龙早就升堂端坐，严阵以待，当众将他的罪行一一宣读，待其签字画押后，旋即依法斩首。此举自然大快民心，可也得罪了尼雅翰将军。为了不激化矛盾，于成龙携带案件卷宗，亲往军营，准备向尼雅翰将军详细说明原委。军士们听说于成龙竟然诛杀了他们的兄弟，群情激奋，顿时骚动起来，将于成龙团团围住。尼雅翰将军听任军士们咆哮呐喊，想要先给于成龙一个下马威。然而，于成龙全无惧色，无视军士们的谩骂恐吓，大声历数恶少所犯罪行，军士们听完后倍觉羞惭，一个个低着头慢慢散开。于成龙又敦请尼雅翰将军严格整饬军纪，声遏行云。尼雅翰将军颜面尽失，神色愈发怖厉，像一头发狂的猛兽，随时要择人而噬。他想要严惩于成龙，将其扣留于军营之内，却苦于找不到借口，沉默半晌，只得眼睁睁任由于成龙离开。

没想到冤家路窄，统军将领硕岱要趁这个机会一雪前耻。于成龙并不后悔严办那个恶少，对硕岱的恐吓也没有怀恨在心，他神色不变，说："此前本官去军营，为的是公事。今番将军率军渡河，为的也是公事。公事公办，光明磊落，本官绝对不会推卸自己的责任。造桥失职，延误军机，作为督造官，本官责无旁贷。本官自会如实向抚台大人汇报此事，听任朝廷发落。"

硕岱很不屑地说："你不是说你不怕死吗，我倒要看看你到底怕什么，革掉你的顶戴乌纱，让你做不了官，看你还能做什么！"

站在旁边的河道官觉得不公，忍不住解释说："军爷，并不是浮桥造得不牢固，而是这次洪水太大了，不只是浮桥被损坏，连附近的那座石桥也冲垮了。"

硕岱听后只是冷笑，说："我是前线将士，领受军命在身，可没时间去管什么石桥被冲垮的事情。"

于成龙说："浮桥被冲垮是事实，延误军机也是事实。硕岱将军据实奏报，原也在他的职责范围之内。诸位大人无须多言，抢修浮桥要紧。"

在给巡抚张朝珍的汇报中，于成龙把责任都揽在了自己身上，说："咸宁桥成，旋即被大水冲坏，实为卑职督造不力，致使军机延误，险酿成大祸，卑职万死不能抵罪。"

张朝珍本想为于成龙辩解，无奈兵部那份措辞严厉的公函已经移送过来，他也只能附议，请求朝廷惩办当事人。浮桥一案的部议结果很快下达，于成龙被就地革去职务，他被勒令交卸完蒲圻的公务，回省待罪。

这是于成龙自担任罗城知县之后的第一次受处分，情绪自然十分低落。更让他苦恼沮丧的是，此时国不泰民不安，他也做好了"鞠躬尽瘁，死而后已"的准备，没想到突然就陷入了报国无门的尴尬境地。尽管如此，他依然一直在等待朝廷的再次起用。

独闯虎穴

　　吴三桂是三藩叛乱之首，他蓄力已久，兵锋甚锐，又到处散布伪札，许财许官，四出诱煽，响应者很多。在黄州，"蕲黄四十八寨"也是吴三桂刻意拉拢的对象，其主要首领刘启祯和黄金龙决定利用清朝军队被吴三桂牵制的机会，约定于康熙十三年（1674）七月同时发动起义，届时将汇集河南、安徽、江西等地的盟友，组成数十万大军。

　　大军逼境，黑云压城，麻城知县屈振奇不敢怠慢，严令衙役赶紧肃查县内潜藏的通吴奸细，不得放过任何可疑的人。小吏们借机生事，将麻城弄得鸡飞狗跳，老百姓怨声载道。偏偏在这个节骨眼上，刘启祯的义子刘青藜还出事了。刘青藜的一个保户被屈打成招，供认自己曾亲眼见过吴三桂的"伪札"。拔出萝卜带出泥，刘青藜也因此受到牵连，被抓捕入狱。刘启祯误以为起义之事已经走漏风声，遂在曹家河匆匆聚集徒众。程镇邦、李公茂等人以及"蕲黄四十八寨"的其他首领，纷纷起兵响应。

消息传到武昌，不啻平地惊雷。眼前的危局让巡抚张朝珍愁眉紧锁、寝食难安。以刘启祯为首的叛军一旦控制住长江中下游，进而与云南的吴三桂遥相呼应，就会左右整个战局。更让人头疼的是，武昌此时防守空虚，无法调遣足够的兵力去平息这场叛乱。

情急之下，张朝珍想到了以戴罪之身赋闲在家的于成龙。他在黄州和麻城两地为官多年，和"蕲黄四十八寨"的寨民相处融洽，也曾起用刘启祯协助缉捕，毫无疑问，于成龙是眼下处理危机的最合适人选。

在巡抚府衙内，于成龙向张朝珍献了两条妙策："第一，鉴于当前复杂局势，黄州之事委实不宜定性为叛乱，卑职建议可按蓄众生事来处理；如此一来，派兵弹压实为下策，采用招抚方为上策。第二，招抚之事，卑职以为可以分为两个步骤进行。擒贼先擒王，最先举事的是刘启祯，他的影响力也最大，抚台大人不妨先对他进行招抚，然后再由他出面招抚其他人，成功的可能性更大。"

张朝珍连连点头称是，问道："如此一来，拿下刘启祯便是关键之点。只是如何招抚他，于大人可有什么好的计策？"

于成龙继续分析说："卑职之所以建议招抚刘启祯，理由有二：一来，他和官府素有往来，熟悉衙门办事的流程，历任主事的官员也很倚重他。这是招抚的基础；二来，卑职在岐亭任职期间，曾任命他为捕头，协助缉捕，和他直接打过交道，对他的能力和性格都多少有所了解。如果由卑职去见他，一定能争取更多回寰的余地。"

张朝珍终究还是担心于成龙的安危，说："贼人势大，于大人此番前去巢穴，如果招抚不成，必生事端，不可不预作防范。本官会调拨各县人马，由你差遣。"

于成龙急忙阻止，说："抚台大人，卑职认为官军暂时不宜调动。卑职听说黄州王宗臣副总兵曾率团练乡勇驻扎在白杲镇，却被刘启祯派出的七名骑兵在晚上偷营得手，大败而回。刘启祯此刻正值胜后骄纵，派兵只会让他求战之心更甚，于招抚无益。"

斟酌再三，张朝珍决定委派尚处于"革职状态"的于成龙前往黄州，允许他便宜行事，全权处理招抚大计，务必稳住刘启祯，最好能将叛众尽数招降。

这道突然的任命让众多官员都觉得诧异：抚台大人显然是病急乱投医。且不说于成龙尚为戴罪之身，如此启用有违规之虞，单说他作为一介文官，署理衙门公务固然是一把好手，可是带兵打仗他能行吗？他会骑马吗？他能挥得动长枪大刀吗？他有几颗脑袋都不够被乱军砍的！

于成龙只带了数名随从，快马加鞭赶到麻城县的白杲镇，又连夜赶写《初抚东山遣牌》和《劝畈间归农谕》，派人在第二天四处张贴。在告示里，他以曾经的父母官的口吻，奉劝迷途的百姓放下刀枪，回归到日常生活和生产中，不要白白丢了性命。同时郑重许诺，自己一定会倾听大家的冤屈，明判是非，将被错抓的百姓释放回家。最后发出警告，如果执迷不悟，不做良民而非要当盗贼，朝廷大军的剿杀也一定会很无情，到时候他只能保护百姓，不能为盗匪说情。

"于大人回来了！"无所适从的百姓如同见到了主心骨和救星，悬了很久的心终于可以放下，"总算有人愿意相信我们，也肯为我们说话了。"

白杲镇距离刘启祯的山寨不到十里，于成龙心里非常清楚，此地的一举一动，很快都会传到刘启祯的耳朵里。当今之计，必须速战速决，不给刘启祯犹豫观望的机会。他先委托一名当地的士绅熊慎文带着自己的一封亲笔书信去见刘启祯。在信中于成龙再三强调，只要刘启祯接受招抚，朝廷不仅既往不咎，还会予以重任。

这封信札只是投石问路，为的是稳住刘启祯，不让他轻举妄动，造成事态激化，难以收拾。随后，于成龙决意亲自去见刘启祯，当面招降。他骑着一匹蹇驴，带着两名手下，径直往山寨而来。距离山寨不足两里路时，他命手下开始用力敲锣，大声喊话："于太守来解救你们这些山中人了！于太守来解救你们这些山中人了！"一时惊得山鸟乱飞。

刘启祯不知道于成龙的葫芦里卖什么药，不敢在这个时候见于成龙，便躲到后山，却让手下喽啰们提刀举枪，列队出迎，妄想给于成龙一个下马威。

于成龙毫不畏惧，穿过枪林刀阵，坦然进入山寨，先询问刘启祯的去向，"本太守亲自来看望刘捕头，他怎么不出来见我？"很多人都知道刘启祯曾经在于成龙手下听过差，一时不知道怎么接话。于成龙一边坐等刘启祯，一边和大家像老朋友那样闲聊家常，说起气候、农事和生计。慢慢地，那些充满提防心理的人也打开了话匣子。大家都很怀念太平年头的生活，想起山下的父母和妻子儿女，都异常后悔铤而走险。但凡有一条生路，谁都不愿意过刀头舐血的日子。

刘启祯还是没有出现。于成龙有些困了，便解开官服，脱了官靴，躺在刘启祯的床榻上闭目休息。悠悠一觉醒来，山中日影已经西移，他又问：

"刘捕头还没回来吗？本太守专门为他远道而来，难道他连一口酒水都不为我准备吗？"

刘启祯了解于成龙的秉性，知道无法继续避不相见，只能硬着头皮出来。于成龙生气地说："屈振奇这个人我是了解的，做事不讲情面，有时难免过火。他冤枉了你的义子，这件事是他的不对。我可以向制台大人、抚台大人、藩台大人、臬台大人参劾他，也可以让他私下里当面向你认错。你们毕竟也一起共过事。人孰无错，错而能改，善莫大焉。可是为了这么一点小事，你拉扯这么多人伙同你一起上山。你这是想干嘛！心里委屈？想要诉苦伸冤？觉得没有面子？看看你的这些兄弟，他们既是人子，也是人夫、人父。你为了你的义子铤而走险，我不拦你，可是你让这么多人深蹈险境，等到他们或伤或残或死，你难道不会因此而感到心痛后悔吗？"

刘启祯没想到于成龙竟然直奔主题，当面斥责他聚众之事，一时愣在原地，脸色忽白忽赤。因为仓促间举事，其实时机并未成熟，特别是河南、安徽、江西的外援尚没有到位，让他没有底气。单凭一己之力发动叛乱，和清军较量，他并没有十足的把握。

"于大人，您确定能做得了张抚台、徐道台、王总兵三位大人的主吗？"刘启祯考虑再三，终于服软。

"实话告诉你，我现在可不是什么大人，而是革职戴罪之身，处境一点也不比你好。"于成龙一点也没有隐瞒，将自己造桥失责之事原原本本告诉刘启祯，又长叹一声，说："抚台大人命我前来白杲镇，嘱我便宜行事，也不仅仅是因为你！还有这么多无辜的百姓。只因我向抚台大人力陈保荐，相信你们是被逼起事，实在是情有可原，不宜刀兵相见。"

"大人一直爱民如子，待卑职又如此厚爱，卑职肝脑涂地，在所不惜。"刘启祯说着说着，也有点动情。

"此刻又不是刀架在脖子上，哪里用得着肝脑涂地！我现在酒瘾犯了，只想找你讨几杯水酒喝。"于成龙爽朗笑道，"喝完这几杯酒，我就回去向抚台大人汇报，为你请功！"

一场箭在弦上的叛乱，就这样被于成龙用几句话轻而易举地化解了。隔了几天，刘启祯果然带着手下几千人，来到白呆镇接受于成龙的招降。于成龙向他发放"戎旗守备"的委任状，还当众赏了一百两白银，大肆宣扬他的功绩。程镇邦、李公茂等其他首领风闻此事，也纷纷请降，愿意归顺。

黄州东山千钧一发的局势终于被控制住，于成龙不敢怠慢，抓紧时间善后，不仅妥加安置接受招抚的民众，还推行"保甲法"，按照区域编制保甲，设立区长进行管理，并将乡勇们集中起来训练，除了发放常规的刀枪弓箭，又另外配备了鸟枪火铳。

在递给张朝珍的条呈中，于成龙说："卑职以为，东山之势，仍然不可掉以轻心。'蕲黄四十八寨'，蠢蠢欲动者不在少数。"

事态发展果然和他预见的一模一样，方公孝、黄金龙、邹君升很快发动了新一轮叛乱。于成龙早有准备，他料定对方是仓促起兵，不可能备足粮草，遂采用三面围而不攻、一面设伏的计策，依靠地方上的乡勇武装，只用了六天时间，就将匪首全部擒杀，投降的叛众一概予以宽大处理。

　　捷报传到武昌，张朝珍很高兴。用人不疑，疑人不用，于成龙的功绩让他着实扬眉吐气，他对当初质疑声一片的属下说："你们都说于成龙是个文官，是个酒葫芦，不理解本官为何重用他，现在怎么样？"官员们的脸上都露出羞惭之色，只能把头深埋下去。

老当益壮

康熙十三年（1674）冬天，黄州再次发生叛乱。

于成龙接到探子密报，大盗周铁爪在泉畈密谋举事，黄冈县永宁乡颇不安静。但是，这个时候的于成龙忙得像一个陀螺。他刚刚前往武昌向巡抚张朝珍汇报完，立刻又领了新的任务。随着他正式上任黄州知府，肩上的担子更重，需要完成异常繁重的军需供给，计有一百万捆草料，此外还有大批量的马槽、铡刀、铁锅等。仅仅是采办筹备这些物资，就让于成龙焦头烂额，脱了一层皮，年迈体衰的他甚至开始咳血，一度昏迷不醒。

但此时显然无法养病。

随着吴三桂叛军大举进攻湖口，湖北已经岌岌可危，叛乱更是呈遍地开花之势。陈鼎业在阳逻起兵，何士荣在永宁起兵，刘启业在石陂起兵，周铁爪、鲍世庸等人在泉畈起兵。此外，广西的万野予等人也率部潜入湖北，与周铁爪会合。单单这几支叛军，人数加起来就有数万之众，他们皆奉何士荣为盟主，计划先攻打黄州，再进逼武昌、汉阳。

由于各镇援兵都被调遣去围攻吴三桂军，黄州的守军只剩下区区数百人，连看守城门和巡夜打更的人手都不够分配。敌众我寡，兵力太过悬殊，官吏们都倾向于放弃黄州，退守麻城。但于成龙坚决反对，他说："黄州是湖北七城的门户，朝廷在荆州、岳阳驻扎了几十万大军，军需供应无论是走水路还是陆路，都要经过黄州。黄州的重要性不言而喻。没有黄州，就没有襄阳、武昌；荆州和岳阳难免腹背受敌，湖北七城更会完全暴露在敌人眼前，长江以北也就危险了。黄州不仅是一座城而已，还关系着整个战局。"

敌势汹汹，于成龙却没有自乱阵脚。虽然敌人纠集了数万之众，可是他发现此前在推行保甲治盗时精心训练的乡勇，并没有加入叛军队伍。只要他们按兵不动，对于成龙而言就是一支可以信赖、依靠的力量。

于成龙知道自己已经没有退路，他说："本官是知府，一定要与黄州共存亡。"又鼓励官员们："现在的情况大家有目共睹，与其坐等敌人围攻，不如主动出击，或许还有胜算。那个何士荣，本官此前和他打过数次交道，不过是个夸夸其谈的书生，敌军竟然奉他为主帅，这绝对是一个失误。只要我们抓住何士荣，就能让敌人军心溃散，胜利可期。"

各路援军纷纷赶到，这对独守孤城的官民来说，足够鼓舞士气了。巡抚张朝珍派了三十名自己的护卫亲随前来增援。刘启祯带着自己的数千部众也迅速赶至。把总吴之兰率领五十名官军从蕲州赶到，奉命驻扎在段家店，进行布防。千总李茂升带领五十名骑兵赶来驰援。此外，各地区的乡勇、绅士、生员也都纷纷聚往黄州。

随着各路人马陆续聚集，张朝珍下令：知府于成龙率兵出城剿匪，分巡道徐惺负责守城。于成龙亲自率领李茂升、吴之兰、张尚圣等人，连同生员、吏卒共二十二人，前往征剿何士荣。于成龙先命刘启祯等部进驻士皮冲、八叠山等地，同时派出兵士征调各处乡勇，号召他们协助官军平定叛乱。于成龙还给出了很实惠的奖励，所有参战的乡勇，都可以按实际天数领取费用，带有火铳鸟枪的人还能够得到额外的补助。很快，于成龙就招募到了两千名乡勇。这支生力军让于成龙信心倍增，他对大家说："敌军号称有数万之众，在本官看来也不过万人而已，只需派出这两千骁勇善战的乡勇，便能荡平他们。"

为了探听敌军虚实，于成龙派出先锋部队，由罗登云和张尚圣率领，前往何士荣驻扎的西山一带布防。罗登云部与小股叛军很快发生激战，大获全胜。何士荣生性谨慎，急忙率军撤退，避入牧马寨。于成龙趁机挥师加速前进，停驻到箔金寨。两寨相隔，不过数里，旗帜清晰可见，人声清晰可闻。此时，于成龙的兵力达到了五千余人，士气高涨。

双方经过几次试探性的进攻之后，大战拉开了帷幕。何士荣率领数万叛军，从牧马寨掩杀出来，分东西两路进攻箔金寨。但见漫山遍野的杂色红旗，像泥石流一样席卷而来，声势十分惊人。于成龙沉着应战，命罗登云率领一千人应战东路，自己率领余部抵挡西路。不幸的是，刚一交战，把总吴之兰便中弹身亡，官军在开局阶段折损了一员大将。

于成龙的身上也着火了，火苗上窜，把他的胡子烧掉了一大半。李茂升等人见形势不妙，劝于成龙暂时后退，避开敌人的攻势。于成龙知道此时一退，必败无疑，厉声阻止，说："今天本官就把这条性命搁在这里。谁敢再说撤退动摇军心的，现场立决！"但见于成龙豹眼圆睁欲裂，须发皆张如舞，威风凛凛，就像天神下凡一般。

然而，面对数倍于己的叛军，官军乡勇尽管奋勇杀敌，还是处处被敌人压制，伤亡惨重，阵线一再后退。于成龙知道不能再继续往后退，便对李茂升说："本官死意已决，你一定要活着回去，把这里的情况如实禀告抚台大人！"说完，于成龙不惧危险，纵马冲入了敌阵。

于成龙的身上也着火了，火苗上窜，把他的胡子烧掉了一大半。

于成龙一把年纪，又是文官，他身先士卒，自
蹈死地，反倒极大地鼓舞了士气。李茂升作为武
官，眼见于成龙这般拼命，更是杀红了眼，张弓搭
箭，竟然一下射倒了叛军的大旗，随后奋不顾身地
驰马掩杀过去，保护于成龙。坐骑被射死后，李茂
升旋即夺取了一匹敌军战马，继续往来奔突，奋
力厮杀。其他官军乡勇，见到于大人和李大人这
般勇猛，鼓起勇气，奋力杀回。叛军见大旗忽然
倒下，攻势也受到了很大影响。于成龙趁势大喊：
"活捉何士荣！"手下军士们也跟着大喊："活捉何
士荣！"吼声如雷，滚动在天地之间。叛军不明真
相，以为何士荣真的已经被官军捉住，士气开始迅
速瓦解，丢盔弃甲溃逃的不在少数。

　　此时，张尚圣率领本部军士，从右山成功绕到
了敌人背后，形成了夹击之势。激战之中，何士荣
被生擒活捉，群龙无首的叛军终于溃败。

　　箔金寨大战中，官军杀敌数千人，缴获大量器
械。于成龙老当益壮，居然手刃四十八人，闻者无
不咋舌。手下将士心服口服，赞叹道："于大人真
是飞将军在世，让我等大开眼界。"

官军进入牧马寨后，搜出了一份密谋起义的名册。于成龙深知名册牵扯太广，留着毫无益处，立即当众焚毁。

就在同一天，黄冈知县李经政率领乡勇攻克阳逻，擒杀了陈鼎业父子。消息传来，人心振奋，一路乘胜追击，很快到达吕王城。李茂升看到部下疲惫不堪，下令军士就地休息，埋锅煮饭。于成龙急忙制止，提醒李茂升说："机不可失，失不再来。叛军奉何士荣为盟主，现在我们已经将何士荣生擒活捉，贼人们为之胆寒，士气低落，应该彻底摧毁他们的斗志。如果给他们时间退居山寨，居险固守，我们就很难攻破了。"

李茂升点头称是，下令继续急行军。

于成龙同时起草了一篇战斗"檄文"，让乡勇传示各处。檄文中说：为首叛乱的何士荣已遭官军生擒，何士荣密谋起义的花名册也已被焚毁。凡参与叛乱者，如果能擒贼立功，必有重赏；如果主动投降的，绝不杀害；扔下兵器逃回家去的，绝不追究。此外，凡家中私藏武器，家人又不是乡勇的，一经发现，均按叛贼罪名处以死刑。

叛军听说何士荣被擒，花名册也被烧了，无心再战，反的反，降的降，跑的跑，数万人马如汤泼雪，顿时被瓦解一空。将士们将之归功于于成龙，都说："于大人的宝剑厉害，能砍杀数十贼人；于大人的檄文更厉害，能灭敌数万人。"

其他几股叛军也先后落败，周铁爪、鲍世庸、李公茂、万野予等或被杀，或被擒。至此，东山的叛乱被迅速平定，前后历时不过一个月。于成龙班师凯旋黄州之前，在麻城县黄市村树立了一块纪功石碑，上边刻着十六个大字："龟山以平，龙潭以清。既耕既织，东方永宁。"在于成龙心中，"既耕既织"一直是他为官的初衷。

这一年，于成龙已经五十八岁。战争结束后，他萌生退意，写了一首《自叹》诗："小官缺养母，浮誉恼群贤。久欲归林卧，岂为升斗牵？"随后他多次向总督蔡毓荣和巡抚张朝珍请求退休，都未获批准，只能继续负责招抚工作。

战争结束后，于成龙解散乡勇，按照当初的许诺发放赏银。在他的感召下，躲藏隐匿的叛军陆续下山投降，回归田园生活。河南省罗山县、安徽省六安县的叛军，竟然舍近求远，越境而至，向于成龙请降。

被誉为"清初直臣之冠"的魏象枢，虽然格外仰慕于成龙，但囿于内臣外吏不宜私下接触的禁忌，一直没有和于成龙相识结交。黄州之战后，他在激动之余，忍不住托人带给于成龙一首诗。诗云："那能觌（dí）面识于公，十载怀君梦已通。骨带清霜撑陋俗，化行春雨起颓风。朝绅推服千秋上，兆姓归依一念中。闻道黄州群寇息，谁将直笔勒奇功。"

糠粥之宴

　　康熙十年、十一年（1671—1672），黄州地区连续两年大旱，很多百姓家中再无隔夜粮，外出讨饭的人越来越多。

　　生活艰难，诉讼也多了起来。于成龙就曾审理过一个颇令人心酸的案子。苦于没米下锅，主人逼着仆人出钱赎身，仆人只拿得出赎身钱的一半。无奈之下，主人把仆人告到了官府。案情很简单，主人没钱没米，仆人没米没钱。原告和被告双方都行将饿毙，还打什么官司呢？于成龙叹息一声，自掏腰包，把问题解决了：他替仆人向主人还清了钱，这样一来，仆人得到了人身自由，主人也得到了活命钱。

别人打官司，倒要官老爷来慷慨解囊，花钱解决矛盾，结果皆大欢喜，也算是奇闻了。于成龙经常贴钱管这样的"闲事"，一点俸银显然不够用，自家穷到喝糠粥。糠粥虽不好喝，至少还可以填饱肚子，很多受灾百姓连糠粥都喝不上。于成龙实在想不出办法，就把自己的日常代步工具骡子牵到市集卖了。卖骡子的钱捐出去，可以让更多的人喝上一碗糠粥。

没有了骡子代步，于成龙只能步行登门，向那些士绅富豪挨家挨户进行募捐，劝说他们出钱出粮，帮助受灾百姓共渡难关。

赈济的钱粮是救命之物，来之不易，自然也要用在刀刃上。于成龙处理救灾钱粮，更是不容有失。凡是他经手的，无不认真调查，仔细核实，以确保既没有冒领之徒，也没有漏发之户。偏远地方的住户受灾尤其严重，加上消息闭塞，无法赶到镇上领取救济，于成龙就亲自督送钱粮，发放到每家每户手中，顾不得官靴磨破，脚底板也走肿了。

在于成龙的感召下，麻城周边地区涌现出了很多积极的赈灾者，他们仗义疏财，不吝钱粮，协助官府做了很多实事。幸亏有他们及时伸出援手，饿殍人数才没有继续增加。官府对他们进行嘉奖，以彰显其德行。其中有一位乡绅，却向知府大人提出了一个奇怪的请求：他想要亲自到于成龙大人府上吃一顿糠粥。

原来，在最艰难时期，于成龙为了尽可能省下俸银用于赈济灾民，在家中率先吃起了"糠粥"。所谓糠粥，就是先将糠麸炒熟，再研磨成粉末，当粟米粥快煮熟的时候，便将粉末撒进锅中。这样煮出来的糠粥，既无营养，更没口感，只能果腹。有时为了改变一下口味，才会在糠粥里撒点炒熟的荞麦面或黄豆粉。

于成龙也会在家中用糠粥招待客人。有些客人理解于成龙的良苦用心，虽然糠粥实在难以下咽，还是会努力吃完，一点都不敢浪费。有些客人一口也吃不下去，望着糠粥直皱眉头。于成龙也不刻意为难他们，只是说："这一碗糠粥，贫家寒户是吃得习惯的，在富贵人家却难得一见。你们现在是不是能够更加体恤灾民？那不妨多拿出一些钱粮来赈济他们。"通过这样的方式，于成龙也征集到了很多救灾财物。

听说那位在赈济中出力甚巨的乡绅想来自己家中吃糠粥，于成龙很高兴，当即邀请他前来岐亭一叙。

乡绅自然喜出望外，一口气赶了七十里路。当他站在于大人府上那口熬粥的锅前，十分感慨。薄粥在锅内沸腾翻滚，里面的粟米肉眼可数，直如清水。于成龙将糠麸粉末倒入锅中，清汤顿时黏稠了。

乡绅自己在家中也熬制过糠粥，过程差不多，味道也一样。他一直仰慕于成龙，见贤思齐，于成龙喝糠粥，他也喝糠粥；于成龙卖了骡子，他便卖掉几亩地；于成龙给周姓子弟送去两担活命的稻谷，他就给一个受困远村送去两船续命的粮食。

那么，是什么原因促使他非要来于府喝糠粥？难道在家喝糠粥和在于府喝糠粥有什么不一样吗？当然不一样。因为于成龙在家喝糠粥，别的官员在家却不会这么干。就好像于成龙坚决不收火耗银，而其他官员总是想方设法多收火耗银一样。区别就是这样。

到了吃晚饭的时间，乡绅没有想到的是：于成龙为他专门准备了一碗米饭。

"于大人，晚生来就是想吃你家的糠粥。"他有点尴尬地说。

"你赈灾有功，是知府大人嘉奖之人，受得起这碗白米饭。再说，你刚跑了七十里路，也需要恢复精力。本官向你保证，下一次无论你什么时候来，我家里的糠粥都让你敞开喝，管饱。"于成龙劝慰道，"非常时期，你可不能累倒生病。今天晚上，你不妨住下，本官也很想与你一起喝点酒。"

这位乡绅知道，于成龙年轻时并不喝酒，到了罗城之后，才养成了每晚喝酒的习惯，这是为了对付南方的潮湿天气和瘴气时疫，最多只喝半壶。

这就是百姓交口称赞的于大人。现在，于大人不仅挽留他住一宿，还邀他晚上一起喝酒，这可是远比喝糠粥更大的荣耀。

当天夜里，一壶酒，一碟盐水拌豆腐，一主一客，相对而坐。豆腐还是于成龙让仆人当天早上买回的，对于主仆二人来说，能吃上豆腐，便是难得的打牙祭了。

望着豆腐，这位乡绅突然想起一首童谣，并

当场背了出来："于公豆腐量太狭，长公临归割半鸭。半鸭于公过夜钱，五厘酒价何处拈？"吟完之后，他又问于成龙："于大人对这首童谣可有印象？"

听到这里，于成龙也笑了。那是两年前的事。于成龙的两个儿子，廷翼和廷元，奉祖母之命，来岐亭镇探望他。廷翼已经年过三旬，廷元也十七岁了。那是一段多么美好又难得的欢聚时光，父子三人一起守岁。过了正月十五，廷翼得返回了。于成龙想准备点食物给廷翼带在路上吃，找来找去，家中却只有一只咸鸭。廷翼一直推拒，最后只肯拿半只，留下了半只。"本官和廷元时常也会说起这件事，却不知此诗究竟出自谁人之手？虽是戏谑之语，足见对本官很是熟悉，可惜我却一直不识。"

乡绅说："如果大人愿恕其人冒昧之罪，晚生倒可以引荐。"

于成龙说："你和他既然是相识的，但说无妨。"

乡绅说："此人是晚生的一位挚友，姓郑名肯崖。他也和我一样，最是仰慕于大人为官爱民的态度。这位郑肯崖才华过人，只是无意功名，甘愿做一名诗人，隐于田园畎亩。晚生觉得如果他的才华就此埋没了，着实可惜。"

于成龙默念其名，不觉莞尔。"郑肯崖，于半鸭；于半鸭，郑肯崖。其名有趣，其诗有趣，其人定然也有趣。本官倒是很想见一见他。"

两人在闲聊中说到，有人竟然以为于成龙喝糠粥是在沽名钓誉。这位乡绅很是替他鸣不平，于成龙说："本官过去在罗城，那里的生活非常艰苦，有时一天只能吃一顿饭。后来到了合州，稍微好一点，但百姓的生活依然很艰苦。本官看在眼里，痛在心里，只求能和他们一起过苦日子。在这两个地方做官多年，如果不能养成廉洁的习惯，在本官看来反而更难。现在在岐亭，百姓不愁吃不愁穿，做官的人面对的诱惑也多。糠粥并不好喝，再怎么天天吃，也不可能上瘾。但本官顾虑的是，今时以吃糠粥为苦，他日就不会觉得收取火耗银有什么不对。心之大防，不能差之毫厘。欲壑难填，也是罅隙扩大而成。本官只是秉持自己的天理良心，坚持自己的清廉习惯而已。"

民之牧首，当然要想百姓所想，急百姓所急，这样才算尽忠职守。普天下读书做官的人，不可能不明白这层道理，但为什么还会与百姓离心离德、渐行渐远，甚至与百姓为敌，被百姓唾弃呢？

这位乡绅心潮起伏，辗转难眠。他想到，天理良心对每个人来说，就好像箍木桶的板，长板箍成大桶，里面能装的水就多；短板箍成小桶，多少也能装点水；可是不能没有板，否则水就会全流出去。于成龙就是一个大桶，但他还在不断把板加长，所以在罗城能装下罗城一个县的百姓，在黄州就能装下黄州一个州的百姓。

这样想着，他开始为百姓有于成龙这样的父母官而高兴起来。联想到自己，那就应该尽自己所能帮助更多的人。

第二天一大早，乡绅便急急向于成龙辞行。于成龙开玩笑道："糠粥已经在煮了，你不想喝上一碗再赶路吗？"他答道："于大人的好意，晚生心领。相比于糠粥，委实还有更重要的事等着晚生去做。"于成龙很是欣慰，拉着他的手说："本官早已知晓，你奔波七十里，其意本不在糠粥。"

离开蕲州的那一天，远近百姓都自发赶来为"于青天"送行。

因为乡绅的举荐，后来，于成龙想方设法找到郑肯崖，一番畅谈之后，恳请他出山担任自己的幕友。郑肯崖也欣然同意，自此成为于成龙的得力助手。

于成龙很快接到吏部的调令，升任福建按察使。离开蕲州的那一天，远近百姓都自发赶来为"于青天"送行，来自蕲州、黄州以及其他郡县的数千官民，站满了码头，大家的脸上都写满了依依不舍。

在罗城时，广西巡抚金光祖赏识于成龙的办事能力，想要把他留在桂林委以重任。罗城的百姓听到这个消息时急坏了，于大人这么好的官走了，再来一个昏官怎么办！很多人亲自赶到桂林求情，硬是把于成龙抢回了罗城。这一待，就是七年，足够于成龙复兴罗城，交出一份卓异的成绩了。七年之后，于成龙升迁为四川合州知州，百姓们虽然难舍，可还是高高兴兴地为他送行。

送行的人群往于成龙乘坐的船上一眺望，简直不敢相信自己的眼睛。船头竟然堆放着一堆萝卜！

大家不无惊诧地说："于大人离开蕲州时，什么也没有带走，居然只在船上装了几担萝卜。"

"有这一堆萝卜压船，一定能使于大人免受风浪颠簸之苦。"

大家都在祈祷于成龙一行平安抵达福州。

清空冤狱

福州女牢内，女囚们都在翘首以待。因为有人提前泄露了新任福建按察使于成龙要来巡视的消息。待到于成龙出现在面前，女囚们不约而同地大声喊冤："于大人，救救我们。""于大人，民妇冤枉。"走在于成龙旁边的管狱官呵斥道："肃静，肃静！不得聒噪！"

于成龙很诧异。此前在男牢，他发现牢狱里关满了囚犯，便已然觉得奇怪。现在女牢居然也满了，而且这些女囚竟然知道他姓于，这里面肯定另有隐情。他制止住管狱官，对他说："等一会儿，你让许鼎前来见我。"

许鼎是这里的看守狱卒，矮矮胖胖的，满脸堆笑，他向于成龙施礼，说："卑职见过于大人。不知道于大人召见卑职有何吩咐？"

于成龙说："明人面前不说暗语。许鼎，你有什么想法，但讲无妨。"

许鼎顿时愣在当场，急得满头大汗，却是一句话也说不出来。于成龙说："如果天下狱卒都能像你这般有一颗菩萨心肠，那真是老天垂怜，犯人之福。"许鼎这时才说出一句话来："于大人，卑职所行皆是职责内之事，哪里说得上菩萨心肠。"

于成龙说："你也不要再隐瞒了。本官在黄州就听说了你的义举，事后你又拒绝了朝廷的封赏和提拔，本官是异常敬佩的。"

原来，靖南王耿精忠加入三藩叛乱前，曾一再劝降福建总督范承谟，却遭到他的严厉斥责。耿精忠恼羞成怒，将范承谟及其幕僚、从弟、亲随等五十三人投进大狱，严加看管，最后尽数杀害，焚毁尸体，丢弃到野外。狱卒许鼎同情范承谟的遭遇，趁夜深人静时偷偷捡回了范承谟的遗骨，暗地收藏起来。在耿精忠防范松懈时，他带着遗骨，潜行万里入京，将范承谟的死讯上报朝廷。

听到这里，许鼎才放下心来，将情况如实相告。原来，让女囚喊冤确实出于许鼎的授意。由于费用严重匮乏，监狱里的犯人经常吃不饱饭，甚至不时有人饿死。狱官也不声张，命狱卒将尸体抬出去草草埋葬。这种情况已经延续了一段时间。许鼎不得已才想出这个方法。他也想试探一下于成龙，是不是真如众口相传的一样，是一个敢于为民请命的清官。

于成龙问："犯人即使在狱中去世，验明正身后，不也应该通知其家人，将犯人尸体领回去妥加安葬吗？犯人的家属难道也不闻不问吗？"

许鼎回答说："这些犯人大多是阖家阖族被下进狱中，其他侥幸未被拘拿的亲友，早就逃离此地，哪里还敢来狱中打探情况。"

于成龙说："这些人犯了什么罪，竟然全族之人都会受到牵连？"

许鼎说："于大人想要了解前因后果，不妨以后慢慢查看案卷，里面都有详细记录。眼下着急的是，必须解决监狱里的'粮荒'，否则的话，饿死的人只会更多。"

监狱里的情形，让于成龙坐卧不安。他积极游说官绅富户，捐助钱粮，让监狱里的犯人不至于饿死。同时，他本人还拿出俸银，捐助药材，为身体虚弱的犯人们看病。

　　与此同时，于成龙也一直在思考：福建的监狱里，为什么关着这么多的犯人？这些人究竟犯了什么罪？有必要把他们一直关着吗？带着这样的疑问，于成龙开始仔细查阅案卷。不看不知道，一看吓一跳。这里面不仅有冤狱，而且存在大量冤狱，更可怕的是，这些犯人所背的还都是杀头的罪名。调来的案卷越积越厚，于成龙越看越心惊，越是看下去，冒出来的冷汗就越多。

　　很快于成龙就醒悟过来，很多人之所以坐牢，是因为"迁海令"。原来，为了对付郑成功的势力，清朝政府对沿海地区，特别是广东和福建，下达了严格的迁海令：片帆不入海，严格禁止商船、民船私自下海，不允许用陆地物产进行海上贸易。有违禁令者，无论是官是民，都处以死刑，其货物没收充公，其财产赏赐给检举告发者；负责执行禁令的官员失察或不作为，从重治罪；保甲窝藏犯人的，处以死刑；如有从海上登岸者，失职的官兵以军法从事，连带着总督或巡抚也要议罪。

看完禁令，于成龙倒吸一口凉气。现在监狱里所关的犯人，都是前任按察使、现任巡抚吴兴祚判罪收押的，如果想要为这些犯人翻案重审，首先就得向总督姚启圣、巡抚吴兴祚请示。姚启圣或许会同意，吴兴祚那边就麻烦了。旧案重审，还很有可能审出一大堆冤假错案，吴兴祚作为巡抚的面子往哪里搁？朝廷的面子往哪里搁？这些都是于成龙要考虑的问题。

在夜以继日地翻阅了大量案卷之后，于成龙更加坚信不疑。这些犯人大都是沿海百姓，并没有暗中资助郑成功父子，很多投靠耿精忠的百姓，也都是被迫的。至于出海捕鱼捞虾的渔民，更是迫于生计，并没有进行海上贸易。再加上此前的审理过程简单，结案草率，漏洞百出，几乎可以断定都是冤狱。

这可是关系到几千条人命啊。

即使自己的官不做了，也要救出这些无辜的百姓。他找到总督姚启圣、巡抚吴兴祚，提出要重审关押在狱中的犯人。不出所料，姚启圣和吴兴祚都顾左右而言他，既不答应，也不拒绝。不表态，是因为他们不想掺合进来，怕牵累到自己。和郑经的战争还在继续，迁海令仍然是绝对不能触碰的严令。这两个人都是官场老手，暗示于成龙去找康亲王杰书裁决，把这个烫手山芋甩给了这位大人物。

杰书是大将军，战时凡涉及通敌、叛变、附逆之罪，按律都可交大将军定夺。于成龙不怕什么亲王什么大将军，就怕找不到能做决定的人。他向康亲王陈述了自己对很多案卷的分析，指出其中存在的重大疑点，"被拘押的犯人很多都是妇女儿童，请问康亲王，这些人会造反吗？能造反吗？拿什么造反？"杰书被他说得笑起来，说："造反的人，难道身上贴着标签吗？"但他也同意于成龙重新审理这批旧案，"如果有人确实是被冤枉的，就应该放了他们。"他又想起于成龙为狱中犯人化缘的事，取笑道："于大人急着把这些人放出去，是不是监狱的公帑又紧张了？"

既然康亲王许可，姚启圣和吴兴祚自然再无异议，于成龙于是一一重新审理旧案。一摞摞案卷被搬到桌子上，一批批犯人被带到院子里。于成龙同情这些犯人的遭遇，下令给他们去掉枷锁，又准备下酒食。这些人以为是临刑前的断头饭，无不伤心大哭，待明白自己居然被释放了，又喜极而泣。差役们也都陪着掬洒同情之泪。一时间，不管是亲历者，还是旁观者，都体验到了生死两重天的强烈刺激。

不征火耗银

　　从于成龙踏上仕途开始，不管是担任罗城知县、合州知州、黄州同知、武昌知府、黄州知府，还是升任福建按察使、直隶巡抚、两江总督，都有一项重要差事，那就是征收赋税。

　　按照惯例，朝廷每年四月初开始在各地征收赋税。

　　于成龙刚任罗城知县时，县丞曾经好心提醒他："由于百姓上交的都是散碎银两，征收集齐之后，需要重新熔铸成大块的银锭，方能入库。在这个过程中，会产生一定的损耗。大人可以向各家各户加派一点银两，以补不足。"

　　原来，这就是所谓的火耗银。因为朝廷对此也是睁一只眼闭一只眼，很多官员便趁机中饱私囊，胆子越来越大，对火耗银的加征也越来越离谱。于成龙对此很生气，说："百姓按规定上缴税银，我们怎么可以钻这种空子，随意提高赋税，增加百姓负担呢？"

县丞见于成龙还是不明白，只能把话挑明了说："罗城地处偏僻，地面贫瘠，地方官府向来没有充足的经费，火耗银是专门用来贴补大人的。"

于成龙更生气了，说："朝廷有明文规定，本官一年的俸禄是四十五两白银，足够基本的开销，为何还要这等贴补？火耗银，火耗银，厚着脸皮领取火耗银的，想来都是一些火耗子、大老鼠！"

县丞见于成龙态度坚定，就不敢再多劝了。但县丞的这番话倒是提醒了于成龙，看来不管天南地北，官府衙门的陋习都很多。如果知县可以堂而皇之地收取火耗银，差役们自然也会动用五花八门的手段暗地里生财，正所谓雁过留毛。于成龙因此多了一个心眼，在百姓前来衙门缴纳税银时，他便亲自坐在大堂上验收，果然瞧出砝码升斗都有问题。

他将差役们都召集到一起，说："罗城的百姓生活已经很艰苦，如果我们还想方设法增加他们的负担，这是与民夺食，违背天理良心。"随后，他命令换上校准的砝码升斗，按照户部统一颁发的数额进行称量。

百姓将规定的粮食银钱上交给官府，于成龙当场便把收据发给百姓。

这样一来，虽然确保了公平，杜绝了作弊，但于成龙必须全程监督，他无法也不愿让手下差役代劳，自然分外辛劳。几天下来，腰酸背痛不说，人也瘦了一大圈。

罗城的百姓几时见过这么奉公守法、勤政爱民的县太爷，又是佩服，又是感激。于成龙在罗城过着清苦的生活，大家看在眼里，怜惜在心里，于是，在缴钱纳粮时，他们往往都会悄悄留几枚铜钱给于成龙。于成龙发现后，急忙阻止。百姓们说："于阿爷不收火耗银，我们就提供一点柴禾钱吧。"

于成龙谢绝了众人的好意，说："本官作为父母官，当以身作则。如果本官收下这些柴禾钱，与征收火耗银有什么区别？以后本官还怎么好约束属官差役，让他们遵守规矩呢！"

就这样，百姓们坚决要给钱，于成龙坚决不收。最后实在没办法，于成龙象征性地收下四文钱，说："诸位父老乡亲的高意，本官心领。本官会用这四文钱，打回一壶酒，就当是你们请本官喝酒了。不过，只此一回，下不为例。"

于成龙的儿子于廷翼来罗城探望父亲，返程之前，罗城百姓自发凑了些银两，希望于成龙能够收下，用作廷翼回家的盘缠。于成龙再次婉言谢绝，对百姓说："现在路上不太平，让廷翼带着这些银两上路，反而不方便。你们的钱也都得来不易，还是请大家收回吧。"

后来于成龙担任直隶巡抚时，由于当时直隶不设总督，军政大事、文武官员全归巡抚管辖，权力很大。加上康熙帝对于成龙越发器重和信任，让他可以放开手脚推行"直隶新政"。于成龙一向对征收火耗银深恶痛绝，以为火耗摊派是贪污之源、不法之根，实在是可恨，他甚至说："士大夫若爱一文，就不值一文了。"他很快颁布了《严禁火耗谕》，说："朝廷按照地区征收赋税，百姓按照份额缴银纳粮，这都是明文规定的。州县各级官员，作为父母官，就应当上秉承朝廷的体恤，下顾念百姓的疾苦，严格按照规定收税，绝对不能随意加征。"那种罔顾朝廷法令，私自增收火耗银的官员，在他看来和盗贼没什么两样。他对火耗子真可谓深恶痛绝。

但是，偏偏有人要当火耗子。

青县知县赵履谦不顾直隶灾情严重，不但违规收取了三千多两火耗银，还贪污了一千两赈灾款。不仅如此，他又以制作报灾文册为借口，向民间摊派银两，把这些钱也悉数装进了自己的口袋。数罪并犯，一桩比一桩无耻，一桩比一桩可恨，于成龙查明实情后，立即上疏参劾，敦请朝廷严厉查处，最后将赵履谦革职问罪。

这是于成龙官至封疆大吏后，亲自弹劾的唯一一名官员，而且还是一名小小的知县。这件事的影响很大，甚至连康熙帝都注意到了。

康熙二十年（1681），于成龙接到工部命令，挑选役夫前往北京郊区沙河，将已故的孝诚皇后与孝昭皇后的梓宫，迎请到皇陵安葬。于成龙上疏请求入京陛见康熙帝，得到恩准。康熙帝特别提到赵履谦之事，对于成龙清廉为官的初心和一以贯之的坚持，很是嘉许。

驾鹤西去

　　康熙二十年（1681），于成龙担任两江总督，此时年已六十五岁。当时此地有权有势的人家，都担心于成龙的清廉作风最终会触及他们的利益，于是勾结起来，编造出很多谣言，暗中排挤于成龙。在这种暗流涌动下，康熙二十二年（1683），副都御史马世济受人指使，上疏参劾于成龙：

　　"于成龙做官一直享有清誉，刚到江南时，百姓也这么称赞他。可是在他重用中军副将田万侯之后，不满的声音就多了起来。微臣奉旨南巡，见到于成龙，觉得他确实年纪大了。传言也很多，说田万侯一直瞒上欺下，仗势欺人。因为田万侯有于成龙撑腰，很难查到他的罪证，也没有人敢弹劾他。"

马世济认为田万侯存心欺瞒于成龙，从中牟取私利，已经犯了众怒，请求朝廷罢免田万侯，并批准年事已高的于成龙荣休。这是拿于成龙平生最为痛恨的贪污罪行，参劾其得力下属，并把矛头直指于成龙本人。

康熙帝让大臣们认真讨论马世济的这份奏疏，他们都觉得马世济所列举的弹劾内容很多都是捕风捉影、道听途说，无法依此给于成龙定罪。康熙帝又下发一道圣旨，让于成龙根据马世济的参劾内容"明白回奏"。

于成龙自然清楚自己在什么事情上得罪了什么人，斟酌再三，他拟了一份请罪的奏折："微臣调任江南，一心想的是兴利除害，监督官吏，保障群众，以上报天恩。只是两江的事情太多，微臣不敢掉以轻心，唯有通宵达旦，从来不敢放手让下面的人去处理，就是担心他们会擅权农事，瞒着微臣徇私舞弊，有负圣上重托。……现在副都御史马世济指责微臣手下田万侯犯有不法之事，微臣管束不严，更不敢为自己申辩脱罪。恳请圣上将此事交由部议审度，严加治罪。"

奏疏呈交朝廷，部议却迟迟未下。于成龙心内郁闷，去找赋闲寄居在江宁的熊赐履。熊赐履是进士翰林出身，官至武英殿大学士兼刑部尚书，却因为得罪了索额图等大臣，被革职弃用，便心灰意冷，索性离开了京城。

熊赐履的庭院里有两棵梧桐树，两人在梧桐树下饮茶。于成龙到底还是没忍住，对熊赐履说："如果因为这莫须有的攻讦，革职回家也就罢了，就怕我累世的名声顿然扫地。"熊赐履安慰他说："你于成龙也会有这样的想法吗？大丈夫体认天理，甚至不避生死，何况生前身后名呢！"

于成龙幡然醒悟，对熊赐履说："你说得对，确实是我多虑了。"回到总督府后，他不再焦虑，安心等待朝廷的处分传达。

康熙帝自然不愿意批准于成龙辞职，这次轰动朝野的弹劾案，最后的判决结果是：田万侯降级调用他处。于成龙留用，仍然摄总督之职。次年三月，于成龙又兼署安徽巡抚、江苏巡抚事，权力更大，也更辛劳了。

熊赐履的庭院里有两棵梧桐树。两人在梧桐树下饮茶。

一个月之后的一天早上，于成龙一如往常早早起来工作，还没有走出房门，突然感到一阵眩晕，仆人赶紧扶他坐下。于成龙说："难道秋天到了吗？我怎么看到院中的树叶都掉光了？"其实是仆人们因为没钱买茶叶，只能把树叶捋下来，晒干了泡茶喝。于成龙说："你们跟着我，真是受苦啦。我没有钱请你们喝明前的好茶，你们请我喝一杯苦树叶茶吧。"仆人们含着泪，端上一杯苦树叶茶。于成龙喝了一口，说："我现在是走不动啦，到前厅把议事的官员们都请到后堂来吧。"

僚属们听说老总督病了，赶紧过来问安。于成龙向他们交代了几件重要公事之后，端坐于椅上，久未再言。僚属们等了许久，心知不妙，上前探其鼻息，才发现老总督已经悄然仙逝。

"老总督，老总督已驾鹤西去！"他们惊呼，又问仆人："二公子呢？"

仆人哭道："数天前，于大人让二公子回山西准备科考，现在估计已行至安徽、河南境内。"

僚属们商议之后，派出一个仆人速去追回二公子于廷元。现在老总督身边一个亲人也没有，必须让二公子返回金陵料理后事。江宁知府小于成龙闻讯赶来，主持置办老总督于成龙的治丧诸事诸物。

灵堂迅速搭建起来了，两江的官吏们都来送别老总督。在于成龙生前住的房间里，他们环顾四周，只看到床头破箩筐中有一件绨袍，一双官靴，一条玉带，堂后瓦瓮中装有几斗米，另外还有几小罐盐豉。其生活简陋清苦，竟至于此，观者无不动容。

"部堂大人真是清廉典范！"

熊赐履也来见老友最后一面。他徘徊在庭院房室，想起去年二人梧桐树下的聊天，不觉悲从中来。这个世界之上，还有谁像于成龙这般，既不欺世盗名，一生为公，又秉持素食素行呢？他仰瞻总督府上的家具陈设，只有青灯布幔。他打开房间里的篋笥箱笼，里面装着的不过是旧衣破靴，其他什么都没有，更不用说金银器物了。

于成龙去世当天，金陵百姓悲痛不已。做生意的人都关了店铺，感念他的人带着香烛来总督府前祭拜，络绎不绝，每天都有成百上千人，把总督府前的道路都给堵住了。

于成龙的灵柩启运回山西时，金陵士民数万人，步行相送几十里，哭声震天，不忍相离。沿途皆有设案焚烧纸钱的人，于廷元强忍心中悲痛，劝阻大家说："家父生前两袖清风，不爱一文，死后也一定不会收受阴钱冥币，请你们不要再化纸钱给他了。"闻者无不大哭。

康熙帝听到于成龙去世的消息，也是非常震惊和伤心，他亲自给于成龙撰写了一篇碑文，说："朕读《周官》，六计弊吏，曰：廉善、廉能、廉敬、廉正、廉法、廉辨，吏道厥唯廉重哉！……唯尔（于成龙）之廉，天下所知。"于成龙做到了这"六廉"，故被誉为"天下廉吏第一"。

于成龙
生平简表

●◎ **明万历四十五年** (1617)

于成龙出生。

●◎ **明崇祯十二年** (1639)

于成龙乡试中副榜，被授予"副榜贡生"。

●◎ **清顺治八年** (1651)

于成龙第二次参加乡试，未中。

●◎清顺治十三年（1656）

于成龙赴北京参加吏部考试。

●◎清顺治十八年（1661）

赴北京参加吏部掣签；同年，上任广西罗城知县。

●◎清康熙六年（1667）

由于政绩突出，初举"卓异"；同年，升任四川合州知州。

●◎清康熙八年（1669）

升任湖广黄州府同知。

●◎清康熙十三年（1674）

第二次被举"卓异"，先后署理武昌知府、黄州知府。

● ◎ 清康熙十六年（1677）

调任下江防道。

● ◎ 清康熙十七年（1678）

升任福建按察使。

● ◎ 清康熙十八年（1679）

第三次被举"卓异"，升任福建布政使。

● ◎ 清康熙十九年（1680）

升任直隶巡抚。

● ◎ 清康熙二十年（1681）

升任两江总督。

●◎清康熙二十三年（1684）

在两江总督任上病故。